아빠는 왜 그렇게 살아?

김병년 목사의
일상다반사
2

아빠는 왜 그렇게 살아?

비아
토르

차 례

추천의 글 8
여는 글 삶의 또 다른 장을 열며 12

나는 '엄빠'다 18

○ 일정 기간 하나님이 맡겨주신 아이들을 돌보는 섬김이

천만다행 | 아빠의 꿈 | 관대한 아버지 | 아이들의 기도 | 백세인생 | 어머니와 나들이 | 화해 | 아이들의 인사 언어 | 코체레 한 잔 | 방학은 전투다 | 카페 마놀린 | 아빠를 반기는 춘녀 | 딸은 자란다 | 아이들은 스스로 성장한다 | 자기다운 삶 | 막내의 소원 | 윤영이의 눈물 | 요즘 아이들이 사는 법 | 웃음꽃 | 만약에 | 아빠를 잘 아는 딸 1 | 아빠를 잘 아는 딸 2 | 춘녀 파이팅! | 자식의 진로 | "아파트 사줄게" | 부모의 십자가 | 공구통 든 여자 | 말로 해! | 존재를 사랑해 | 아들의 말 한마디 | 목욕 | 시.가.렛 | 더운 여름 '악'과의 씨름 | 춘돌이의 방학 | 부르심을 따라 살기 | 아빠의 밥상친구 | 윤서의 노래 | '본래 받는 버릇' | 참고 또 참고 | 예쁘다는 말은 없잖아! | 뭐 해주고 싶은 거 없어? | 5월 18일 | 시간을 잘 다스리는 사람 | 아들과 하는 매일 묵상 | 때에 맞는 묵상 | 아들의 묵상노트 | 호박죽 인생 | 혼자 있다는 것 | 윤지의 묵상 나눔 | 새 학기, 옛 물건 | "좀 불편하게 살아" | 바둑과 인생 | 윤지의 편지 | 〈복면가왕〉 | 설거지의 영성 | 바람 같은 돈 | 삶의 무게 | 잠들지 않는 죄성 | 나눔의 법칙

건강해도, 병들어도, 우리는 부부 96

○ 나는 영원히 서주연의 배우자다!

결혼기념일 | 결혼의 언약 1 | 결혼의 언약 2 | 소통 없는 삶 | 손이 닮았다 | 안녕, 스타렉스 | 아내의 생일 | 변한 것 vs. 변하지 않은 것 | 사랑과 원수 | 아내 돌보기 | 아픔은 아픔, 기쁨은 기쁨 | 바람이 분다 | 일보다 사람이 먼저 | 웃음 이후… | 위기 속에 찾은 은혜 | 익숙해져야 할 것 | 예기치 못한 응답 | 좋은 소식 | 천국의 달리기 | 소중한 것들 | 오늘 울면 내일 웃고 | 은혜로 살아왔으면서! | 아픔의 잔상 | 투표할 권리 | 아내의 소중한 한 표 | 10만 원짜리 투표 | 상호긴장의 실체 | 언제나 그 자리에 | 고향 생각, 엄마 생각 | 바쁜 하루 | 살아갈수록 | 말과 속사람 | 예수의 이름 | 낫지 않아도 믿음 | '언약'을 믿기에 | 개구멍은 없다 | 걷기와 인생 | 넘어지는 이유 | 메마른 광야를 지날 때

나의 사랑하는 교회 144

○ 교회가 사랑해야 할 십자가로의 초대

그리스도께 매달린 교회 | 소명 | 몸 따로, 마음 따로 | 교회와 은사 | 망가져도 좋다 | 재활용 교회 | 기초가 최우선이다 | 나는 마르다 | 사람 세우기 | 교회 개척 | 품어야 한 몸 | 교회의 존재이유 | 두 마음 | 권사님의 천국여행 | 두 가지 숙제 | 시험일까, 유혹일까 | 위기에 맞서는 법 | 늦거나 혹은 빠르거나 | 믿음, 그리고 자유 | 죄의 짐 vs. 삶의 짐 | 필요 vs. 공급 | 디딤돌 vs. 걸림돌 | 진정한 경건 | 순종의 삶 | 믿음 | 원한 맺힌(?) 기도 | 아굴의 기도 | 파이프와 저수지 | '하나님의 뜻'이라는 핑계 | 비판 말라? 하라! | 신앙의 눈으로 본, 토끼와 거북 이야기 | 벧엘의 타락 | 돈보다 지혜 | 돈은 머물지 않는다 | 십일조의 의미 | 축사와 축사 이후 | 암소의 선교 | 요즘 나의 청년 사역 | 부르심에 응답하는 삶의 양면성 | 부르심이 절박함을 이긴다 | 모두가 '우리' 교회 | 하나님만 드러내는 '연합' | '키다리 아저씨' 프로젝트 | 참 좋은 우리 동네 목사님 | 내게 주어진 숙제

더불어 사는 세상 200

○ '죄인들의 친구'였던 예수님처럼

4월 16일을 기억한다! | 얼음이 녹으면… | '중보자'가 필요한 시대 | '그래도 신앙은 좋다'는 말 | 다니엘이 부끄러워할 '세 이레 기도' | '다른 집만큼'만 올린다? | '갑질'의 실체 | 뇌물과 생존경쟁의 상관관계 | 이상하고도 궁금한 일 | 악의 실체 | 십자가 지는 삶 | 심장이 뛴다고 살아 있는 게 아니다 | 세상이 말하는 거짓 | '거짓'의 위험 | 잊어버리지도, 가만히 있지도 않겠다 | 그날 어디 계셨어요? | 우는 아이는 산다 | 선한 사마리아인 | 김동수 씨 이야기 | 무능함 vs. 무정함 | 마침내 드러날 진실 | 걸음처럼 천천히 | 교조적 광신주의 | 폭력의 정당화 | 불평하라 | 국가의 품격

윤영의 편지 나는 행복합니다 236
윤서의 편지 친구 같은 아빠에게 248
윤지의 편지 우리집의 일상 252

닫는 글 그분과 함께여서 길 아닌 길이 없다 253

추천의 글

오준규 낮은마음교회 담임목사

아픔은 아픔으로써만 치유된다는 것을 저자는 삶으로 보여주고 있다. 아픔의 질량은 변하지 않는다. 아픔은 이동하거나 변화할 뿐 결코 저절로 소멸되거나 증발하지 않는다. 내가 당한 상처를 마음속에 그대로 품고 있으면, 그 아픔은 내 영혼에 그대로 남아 나를 괴롭히고 다른 사람을 괴롭힌다. 내 상처를 다른 사람에게 전가하면, 그 사람이 나 대신 고통을 당한다. 아픔은 이동하는 것이지 사라지지 않기 때문이다. 그런데 누군가가 내 아픔을 끌어안고 그 아픔을 느끼기까지 사랑하면 아픔은 사라지고 사랑만 남는 영적인 신비를 저자의 따뜻하고 진솔한 글에서 발견할 수 있다. 이 책을 읽는 모든 이들이 이 영적인 신비를 믿고 사랑하는 가족과 이웃, 교회와 세상을 위해 그렇게 사랑할 수 있다면 얼마나 좋을까, 행복한 상상을 해본다.

정갑신 예수향남교회 담임목사

보통 그를 모르나 글을 읽으며 그를 예측한다. 대개는 예측한 그가 만난 그와 다를까 염려하여 그를 만나려 하지 않는다. 하지만 김병년 목사에게는 그런 염려가 필요 없었다. 그의 글에서 그가 곧장 튀어나왔기 때문이다. 그는 자신의 글 안에 고스란히 담긴 채로 독자를 향하고 있었으므로, 교회에 그를 초대하여 그로부터 말씀을 듣는 동안 그는 이미 애정 깊은 나의 친구가 되어 있었다. 그리하여 춘녀와 막둥이도 초대하여 함께 식사하는 동안(춘돌이는 바쁜 일정이 있어 함께하지 못했다) '김병년'과 그의 '글'과 그의 '자녀'가 전부 일체의 구분이 없는 삼위일체라는 것을 알게 되었다. 더구나 이 삼위일체도 역동적으로 춤을 추고 있었다.

나는 김병년의 글보다 김병년을 추천하고 싶어서 안달이 나는 편이다. C. S. 루이스가 말한바 '갈망하나 이룰 수 없는, 갈망을 멈출 수 없으나 성취에 다가갈 수 없는 고통스러운 기쁨, 서러운 즐거움, 희열 가득한 어떤 고통, 그립기도 하고 서럽기도 한 슬픔으로서의 기쁨'이 책보다 김병년 안에 더 고스란하기 때문이다. 그렇다 해도, 단지 따뜻하기만 하지 않고, 삶과 뒤섞이고 삶에 마주서고 삶에서 떨어져보려 몸부림하고, 삶을 부여안고, 안에 담긴 세밀한 결을 정밀하고 다정하게 드러내는 그의 글이 좋다. 그의 글에서 춘녀와 춘돌이와 막둥이가 자유롭게 뛰어다니는 몸짓들이 좋다. 그들의 '무례한' 자유를 속상해하면서도 사랑스러워 죽겠는 마음이 가득한 김병년의 영혼이 좋다. 그리고 아이들과 함께 고통의 손을 잡고, 그 손을 온 세상 가득한 서러움까지 뻗치는 성실함이 좋다. 그의 글을 통과하면서 안식을 누린다.

강승회 다드림교회 성도

저는, 삶을 땔감 삼아 십자가로 짓는 김병년 목사님의 말씀밥을 먹고 지낸 지 어언 20여 년이 다 되어가는 다드림교회 성도입니다. 집밥이 그러하듯이, 때론 짓는 수고와 정성을 무심하고 당연하게 여기기도 하고 가끔은 입에 안 맞는다 투정도 했더랬습니다.

하지만 달큰한 향신료나 구미에 착 붙게 만드는 흔한 조미료 하나 없이 그리스도 예수 안에서 정직하고 투박하게 지어 내놓으시는 목사님의 말씀밥은, 꼭꼭 씹어 삼킬수록 분별의 면역력과 인내의 근력을 가지게 했고, 하나님 앞에서 자기를 속이지 않는 정직한 믿음의 체질로 저의 신앙을 자라게 했습니다.

교회에서 늘 당연한 듯 뵙다 보니, 우리 목사님이 책도 여러 권 쓰시고 좀 유명한 분이시라는 얘기를 듣고는, 하하, 저로서는 실감이 안 되더군요. 우리 목사님은 성도들을 기꺼이 긍휼로 품으시지만, 때로는 당신의 연약함을 정직하게 드러내며 성도들의 긍휼을 기다릴 줄도 아시는 분입니다.

오해와 수치를 감수하면서도 자기를 묵묵히 내어주는 것이 십자가의 사랑임을 이분을 통해 배웠습니다. 그래서 '아빠는 왜 그렇게 살아?' 하며 아이들이 천진난만하게 던질 것 같은 질문에, 한 공동체를 이루는 성도로서 이렇게 고백하고 싶습니다.

"목사님, 그렇게 살아주셔서 감사합니다."

강효숙 다일교회 권사

"얘들아, 아빠가 왜 그렇게 사느냐고? 아빠는 절대로, 맹세코 지금과 같은 삶을 원하지 않았어. 상상도 안 해봤어. 그런데 엄마가 쓰러졌을 때 많은 것들이 달라졌지. 매일이 너무 고단했고, 평생 절망스럽고 슬플 줄 알았어. 그런데 말이야, 너희를 키우면서, 일상적인 삶과 씨름하면서, 아빠의 가슴 깊은 곳 굳게 닫힌 샘이 열리면서 아빠의 시야도 달라진 거야. 그때까지는 늘 크고 거대한 그림만 바라보던 아빠의 시야가 사방팔방으로 열리면서 가까이에 숨겨져 있던 보물을 발견하고 감동하고 감사하게 되었지. 풍성한 선물이 날마다 아빠에게 주어졌단다. 고마워, 얘들아! 곁에 있어줘서 정말 고마워!"

마치 이렇게 말하는 듯한 목사님의 생생한 목소리가 책 속에서 흘러나오는 것만 같습니다. 아울러 무엇보다 이 책을 읽는 동안 고통의 삶에서 신비로운 비밀을 길어올리는 비결을 배울 수 있었습니다.

여는 글

삶의 또 다른 장을 열며

생전 처음 해발 3,800미터 고지대에 있는 도시를 방문한 적이 있다. 비행기에서 내리자마자 심한 두통이 찾아왔다. 어느 제약회사 두통약 광고처럼 머리 양쪽을 딱따구리가 사정없이 쪼아대는 것 같았다. 어지럽고 구토가 나오려고 했다. 몸 상태의 변화를 느끼며 주위를 둘러보니, 여기저기 기도문이 적힌 깃발이 보였다. 속으로 영적인 도시에서 영적 전쟁이 시작되었구나, 생각하며 어둠을 물리치는 기도를 시작했다.

그때 마중 나오기로 한 현지 교민이 날랜 걸음으로 눈앞에 나타나더니 인사와 함께 질문을 던졌다. "머리 안 아프세요?" 말을 꺼낼 새도 없었는데 이미 상태를 알고 계셨다. '이분이 무슨 처방이라도 내려주실 모양이구나' 싶어 긴장한 표정으로 다가서는 나와 일행을 향해 "산소가 부족해서 그래요. 고산지대라 산소공급이 잘 안 돼서 머리가 아픈 거예요" 하신다. 헛웃음이 나왔다. 고산지대의 산소 부족으로 인한 두통과 현기증을 영적 전쟁으로 받아들였으니….

삶이 그렇다. 산소 부족으로 인한 증상을 영적 공격으로 받아들이는 무지함은 종종 자기 자신과 맞서는 어리석은 싸움을 낳는다. 육신의 질병을 삶의 한 과정으로 수용하기보다 거부하면서 영적 전투를 벌이는 경우가 그렇다. 갑작스레 찾아온 질병 앞에서 낫게 해달라는 기도보다, 질병의 고통에도 불구하고 일상을 살아가게 해달라는 기도가 내게 인생의 실제가 무엇인지 가르쳐주었다.

삶의 실제로서 찾아온 아픔은 나에게 울타리와 올가미를 동시에 안겨주었다. 고통받는 내 삶에 대한 다른 이들의 긍휼은 나와 우리 가족의 울타리가 되어 불안정한 가운데서도 안정을 제공했다. 먼 데서, 가까운 데서 아이들을 돌보라고 필요한 것들을 챙겨주었다. 우리를 긍휼히 여기는 이들로 말미암아 풍요로움을 누렸다. 삶의 아픔이 우리를 먹이고 입힌 셈이었다. 아픔 속에 살아가는 내 삶을 보며 위로받는 이들이 생겨났다. 그들이 나의 친구가 되었다. 짙은 그림자 뒤로 햇살이 비치고 있었다.

아픔은 또한 내 삶에 올가미를 드리우기도 했다. 내 책을 읽은 이들의 격려나 응원이 때로 나를 옭아매는 올무가 되었다. "김병년 목사님이시죠? 《난 당신이 좋아》를 읽었어요. 사모님을 집에서 간병하신다고요? 그렇게 살아주셔서 감사해요." 지금은 아내가 요양원에 있는데도, 책을 읽은 그 시점에서 나의 삶을 바라보고 규정한다. '난 당신이 좋아' 대신에 '난 당신이 미워'라고, '바람 불어도 좋아' 대신 '바람 피워도 좋아'라고 책 제목을 바꿔쓰고 싶은 마음이 얼마나 자주 찾아오는지…. 아픔이 13년 전 일어난 일에 나를 묶어두고 수시로 흔들리는 내

욕망을 감추게 하는 올가미가 된다.

삶의 장章이 바뀌었다. 아내를 요양원으로 보냈다. 보호자인 나의 건강과 재정적인 형편이 새로운 장을 열게 했다. 병든 가족을 오래 돌봐온 인생선배들이 "환자보다 보호자가 중요해요"라고 말할 때 "아픈 사람이 더 힘들지요"라며 버텨왔다. 갈수록 아픔에 둔감해지고, 쉼 없는 일들에 지쳤다. 몸이 상하고, 늘 졸음에 시달리고, 아침을 멍하게 맞이하고, 만성적인 속쓰림이 끊이지 않았다. 삶의 환경을 바꿔야 할 이유가 나날이 쌓여만 갔다. 아내를 병원에서 집으로 데려올 때 젖먹이이던 막내가 초등학교 졸업 때까지만 견디자고 결심하며 매월 공급하시는 은혜로 견뎠다. 그러나 아이들은 자라고 전세금이 기세등등 상승하면서 삶도 팍팍해졌다.

결국 아내가 요양원으로 갔다. 아니, 아내를 요양원으로 보냈다. 10년 넘게 아내의 투병을 내 삶의 전부로 받아들이며 살았는데, 이제는 내 삶의 일부로 받아들이며 살아가는 새 출발을 시작한 것이다. 건강한 삶으로의 복귀를 위한 출발이다.

잠을 누리지 못하는 생활에서 깊이 잠드는 밤이 찾아왔다. 잠이 달다. 피곤에 젖어 쓰러지던 밤이 이제 선물로 다가왔다. 쉼이 있는 밤이 내게 주어졌다.

아내를 요양원에 보내고 나서야 가파른 오르막을 기어오르는 것 같던 삶의 흐름을 벗어나기 시작했다. 그렇다 해도 인생이 떠안기는 짐을 벗어던지기가 그리 쉬운 일은 아니다. 그저 한 걸음씩 강변으로 난 산책로를 따라 걷는 듯한 삶의 속도를 되찾으려 할 뿐이다. 다시 일상의 걸음을 걸으려 할 뿐이다.

 어쩌면 우리 아이들이 아빠가 살아가는 모습을 보고 "아빠는 왜 그렇게 살아?" 하고 물을지도 모른다. 이미 마음속으로는 여러 차례 물었을지도 모르겠다. 글쎄, 내가 뭐라 답할 수 있을까. 나는 그저 하나님이 인도하시고 동행하시는 대로 살아갈 뿐이다. 지루하거나 힘겨워도, 슬프거나 즐거워도, 그분의 인도하심 가운데 하루하루 인내를 배워가며 살아갈 따름이다. '그날'이 오기까지는.

오늘 하는 일에 아무런 진전이 없어 보여도

하루를 살아내는 자신을 축복하기를!

지루한 일상을 버티는 오늘 하루가 삶을 단단하게 하기에.

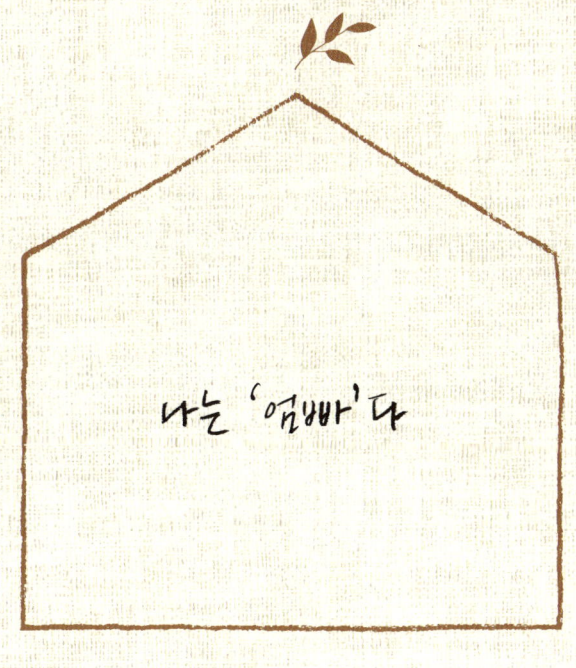

아이들이 바라보는 곳과 내가 바라보는 곳은 다를지 모른다.
아이들이 무엇을 바라보는지 나는 영원히 알지 못할지도 모른다.
'엄빠'는 결국 엄마도 아빠도 아니다.
그래도 나는 자책하거나 걱정하지 않는다.
우리 아이들의 진짜 아빠는 하늘 아버지시니까.

○

일정 기간 하나님이 맡겨주신 아이들을 돌보는 섬김이

나는 왼팔이 굽었다. 어린 시절 골절을 입어 깁스를 했지만 접합부위가 틀어져서 어긋나버렸다. 교정할 필요를 모르고 살다가 마흔이 넘어 신경이 눌리면서 일부 동작을 할 때 통증이 느껴졌다. 무거운 물건을 들거나 팔을 지그시 비틀면 곧바로 통증이 전달된다. 교정은 불가능하며, 굽은 상태로 접합된 채 사용해온 팔을 바로 펴는 수술을 해야 한단다.

교정할 수 없는 굽은 팔을 바로 펴는 수술처럼, 아내의 질병과 그로 인한 아픔은 13년에 걸친 '인생수술'이었다. 팔을 펴는 수술이야 몇 시간이면 끝나겠지만, 삶을 펴는 수술은 이토록 길어지고 있다. 일평생 살아온 왜곡된 인격을 바로잡고, 이미 굳어진 성품을 새로 형성해야 하는 재창조 수준의 수술이라서 그렇다. 이 인생수술은 '사역'이라는 특별한 부르심의 영역이 아닌 '일상'의 부르심을 통해 이뤄져왔다.

세상에는 아픈 남편을 돌보고 아이들을 키우며 살아가는 아내들이 적지 않다. 그런데 사람들은 그들보다는 아픈 아내를 돌보며 아이들과 함께 살아가는 남편에게 더 많은 관심과 호응을 보내는 것 같다. 내 경우가 그렇다.

아내가 쓰러지기 전에는 일상적인 가사에서 제외되었던 내가 밥을 짓고, 세탁기를 돌려 빨래를 하고, 다림질을 해야 하는 매순간 어려움을 겪었다. 싱크대를 깨끗하게 청소할 수는 있지만, 냉장고가 텅텅 비어가도 채울 줄 모르는 아빠의 무심함은 집 구석구석을 허전하게 했다. 아내는 채우는 존재였지만 나는 비우는 존재였다. 아내는 모으는 존재였지만 나는 흩어버리는 존재였다. 나는 가끔 놀아주고 자주 생색내곤 했지만 아내는 늘 놀아주고 오래 기다려주었다. 나는 잔소리하고 짜증내고 신경질을 부렸지만, 아내는 훈계하고 타이르고 사랑하는 사람이었다.

그런데 아내가 쓰러진 가정 상황이 내게 아내의 역할을 요구했다. 집에 머무르고, 집안일을 하도록 요구했다. 머무는 삶을 싫어하고, 달리지 않고 멈추는 순간 존재감을 상실하던 내가 집 안에 붙박이로 정주定住해야 하는 상황은 큰 고통이었다. 사소한 일상사가 내 삶을 채워갈 때 나는 좌절하며 부르짖었다. 제발 이 상황에서 나를 벗어나게 해 달라고. 하지만 하나님은 눈꺼풀조차 꿈쩍하지 않으셨다. 오히려 주로 밖으로만 향하던 내 삶을 시간이 지날수록 일상을 살아가는 삶으로 하나씩 하나씩 바로잡아주셨다.

성경구절에 나오는 표현 중에 내가 '공포의 부사(구)'라고 이름 붙인 것들이 있다. 대표적으로 데살로니가전서의 다음 구절에 나온다. "항상 기뻐하라. 쉬지 말고 기도하라. 범사에 감사하라. 이것이 그리스도 예수 안에서 너희를 향하신 하나님의 뜻이니라." 살전 5:16-18

이 구절에서 '항상'always, '쉬지 말고'continually, '범사에'in everything 등이 내게는 공포의 단어들이다. '이건 좀 폭력적이지 않나' 하는 의구심을 항상, 끊임없이, 매사에 품어온 내게 아이들이 해답을 깨닫게 해주었다. 엄마가 아파서 일어나지 못해도 아이들은 늘 뛰어놀았다. 아이들의 말장난이 내게 웃음을 안겨줬다. 모호해진 삶의 여정이 두려워서 울 때, 변함없이 아빠를 신뢰하는 아이들로 인해 나의 삶을 하나님께 맡길 수 있었고, 오늘 악에서 떠남이 모호한 인생길을 밝히는 등불임을 깨달았다.

이제 오늘을 살아가는 기준이 생겼다. 범사에 하나님을 인정하는 삶. 그것이 바로 나의 일상을 통해 주님을 따르는 삶이다. "범사에 그를 인정하라, 그리하면 네 길을 지도하시리라. 스스로 지혜롭게 여기

지 말지어다, 여호와를 경외하며 악을 떠날지어다." 잠 3:6-7

아이들이 나를 '엄빠'라고 부르며 떠받들어줄 때, 비로소 나의 악함을 깨닫는다. 그들의 창조주요 그들 삶의 주인 노릇을 하려 드는 오만함을 깨닫고 놀란다. 그리고 다시 스스로 마음을 다잡는다. 나는 하나님이 일정 기간 맡겨주신 아이들을 사랑하고 돌보는 섬김이, '엄빠'일 뿐이다.

천만다행

창조주가 월요일에 뭘 하실지 나는 안다. 금요일 밤부터 토요일을 거쳐 주일까지 안식한 인간들이 망가뜨린 우주를 청소하신다. 틀림없을 것이다. 하나님 형상으로 지음받은 내가 청소와 빨래와 집안정리로 월요일 오전을 바쁘게 보내는 걸 보면.

30평 아파트 방 세 개만 있는 집에 사는 게 정말 감사하다. 우주는 하나님이 책임지시고 나는 이 집만 돌보면 되니까. 그제야 해가 중천에 뜨도록 잠만 자는 대학생 춘녀 생각이 난다. '아이고, 저노무 딸× 이 아직까지 퍼질러 자네요.' 하소연하려다 우주를 돌보시는 분이 뭐라 하실까 봐 실실 웃고 만다. 일어나 밥 먹으라고 깨운다.

내가 창조주가 아닌 게 천만다행이다.

아빠의 꿈

혼곤히 잠에 빠져 있다가 벌떡 일어나 애들을 찾는다.
'아직도 안 들어온 거야? 지금이 몇 신데….'
다급히 윤영이에게 전화를 건다.
"너, 지금 어디야? 지금이 몇 신데 아직도 밖이야! 빨리 안 들어와?"
소리를 지르며 꿈에서 깨어났다. 휴, 이렇게 생생하다니! 꿈이라 다행이다. 이 땅의 부모는 다 이런 꿈을 꾸는 걸까? 꿈에서까지 자식 걱

정으로 버럭 해야 하다니!

딸아, 미안~. 아빠 이제 진짜 잔다.

관대한 아버지

가끔 아내를 병구완하는 데 보태라며 큰돈을 후원금으로 주시는 분들이 있다. 물론 아이들하고 맛있는 거 사먹으라는 얘기도 꼭 덧붙이신다.

후원금을 받으면 아이들을 한데 모은다. 어떻게 들어온 돈인지, 어디에 쓰라고 한 돈인지 설명한 다음, 아이들의 필요와 생각을 묻는다. 세 아이에게 지금 가장 필요한 게 뭔지, 그걸 위해서 돈은 얼마가 있어야 하는지 묻는 것이다.

막내가 가장 단순하다. 아직 돈을 잘 몰라서 2~3만 원쯤 원한다. 춘녀는 "아빠가 얼마나 줄 건데?"라고 묻거나 "옷 사게 10만 원"이라고 말한다.

언제나 가장 용감한 건 춘돌이다.

"내가 사고 싶은 게 있긴 한데 너무 비싸서 아빠가 안 줄 것 같아."

속으로는 '이 녀석 봐라, 아빠가 줄 생각으로 묻잖아' 타박하고 싶지만 아무렇지 않은 척 묻는다.

"그래서, 얼만데?"

"27만 원."

"뭐? 27만 원? 그렇게 큰돈이 왜 필요해?"

즉각적으로 튀어나온 내 대답을 잠시 생각해본다. 엄마가 쓰러진 후 어려운 순간마다 동생까지 챙기면서 나를 도와온 아들에게, 내가 번 것도 아니고 은총으로 들어온 후원금 일부를 주기를 아까워하다니… 이 얼마나 인색한 아버지인가. 탕자의 아버지는 달랐다.

집 나갔다가 돌아온 동생을 위해 아버지가 잔치를 베풀자 큰아들은 화를 낸다. "나와 내 친구를 위해서는 송아지 한 마리 준 적도 없잖아요."

그러자 아버지가 한마디 한다. "내 것이 다 네 것 아니냐." 눅 15:31 그러니 네가 원하는 대로 쓰면서 좀 놀기도 하고 즐기면서 살라는 것이다. 하늘 아버지는 '탕자' 아들만 위해 잔치를 베푸신 분이 아니다. 곁에서 함께 수고한 큰아들에게도 모든 것을 허용하신다.

그런데 나는 아빠를 배려하는 딸을 위할 줄도 모르고, 제법 큰돈이 필요하다는 아들에게는 깎으려고 틈을 노린다. 우리 아이들의 '진짜 아버지'는 내가 아니라 하늘 아버지시다.

'주여, 우리로 죄인에 대하여 관대하게 하시고, 애쓰고 수고한 이들에게도 관대하게 하소서.'

아이들의 기도

아빠 설교를 위해 기도를 부탁했더니 바로 기도하는 사진 한 장을 보낸다.

아, 이대로 멈춰서 계속 기도하겠지요. 큰딸 춘녀의 지휘 아래 모두 작업 중이고요.

"하나님, 아시죠? 예수님 이름으로 기도합니다."

뭐, 이런 기도는 아니겠지요. 평소대로 한다면 기도 내용보다 예수님 이름 말하는 시간이 더 길어요.

아빠는, 오늘 밤 너희의 기도 능력을 보겠다!

백세인생

> 60세에 저세상에서 날 데리러 오거든
> 아직은 젊어서 못 간다고 전해라
> 70세에 저세상에서 날 데리러 오거든
> 할 일이 아직 남아 못 간다고 전해라
> …
> 100세에 저세상에서 날 데리러 오거든
> 좋은 날 좋은 시에 간다고 전해라

〈백세인생〉이란 트로트 가사가 너무 절묘하다. 나이가 들어도 할 일이 있다며 '저승사자'한테도 큰소리다. 그 여유가 좋다!

엄마에게 전화해서 직접 노래를 불러드렸다. 아들 노래 듣고 엄마가 우신다. "내가 100세나 살면 우짤라꼬?" 하면서도 좋아하신다. 올해 가기 전에 온천이나 한번 가자신다. 꼼짝도 못하시면서.

어머니와 나들이

엄마와 이모 모시고 오랜만에 가는 나들이.
목사 되고 나서 제일 못하는 게 엄마 모시는 일이다. 늘 동생과 제수씨에게 미안하다.
모처럼 엄마 모시고 바다 구경 간다.
맛있는 커피라고 캐러멜 마키아토 사드리니 맛있다며 달달함을 즐기신다.
먼 시골 사실 때는 멀어서 못 간다고 했는데, 가까이 사시는 지금은 바빠서 못 간다고 핑계한다.

화해

7개월 만에 장모님을 뵈었다. 장모님 댁을 찾은 게 5년 만이다. 그러고 보니 처제를 만난 지도 5년이 넘었다. 중환자를 두고 처가 가족들과 싸움이 잦았다. 서로가 서로에게 서운해했다.
삶은 참 묘하다. 변하지 않을 것 같은 견고한 벽이 한순간에 허물어

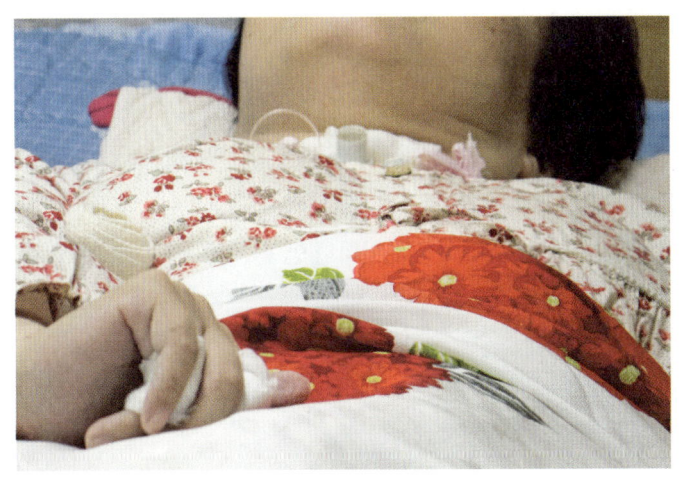

지고, 허물없는 가벼운 말에도 마음에 깊은 골이 생기니 말이다. 내 안에 분노가 펄펄 살았을 때는 담을 쌓았지만, 시간이 흘러 분기가 빠지고 나니 덤덤하게 말을 건넬 용기도 생긴다. "처제, 나 왔어." 물론 어색함은 여전하다.

주일 설교 중에 가족에게 너그럽게 대하라고 했는데, 나 먼저 그 말씀에 순종하리라 노력했다. 그랬더니 의도하지 않게 경계심과 분노가 사그라지고 뜻밖의 화해가 찾아왔다. 화해의 중심에 아이들이 있었다. "외할머니 집에 안 가?"라는 한마디에 "가야지"라고 대답한 것이다.

간밤에 윤영이가 전화를 드렸더니 안 받으셨다. 다시 아침에 전화를 걸어 통화가 됐다. 전화 한 통이면 될 일을. 마음이 닫히면 모든 것이 불통으로 변하지만 전화 한 통이면 닫힌 마음이 열린다. 이래저래 전화기가 필요하다. 소통이 되어야 삶이 평안하다.

아이들의 인사 언어

학교 가는 아이들의 언어가 별나다.

춘녀는 나가면서 "나 간다" 한다. 어디로 간다는 건지 모르지만 늘 '간다'는 말로 인사한다. 내가 "잘 다녀와" 하면 언제나 답은 "요시"다. 이건 또 어느 나라 말인지.

춘돌이는 "갔다 오마"라고 말하고 후다닥 나간다. 누가 어른인지 구분이 안 간다. 거실에 앉아서 컴퓨터 작업을 하다가 춘돌이가 "갔다 오마"라고 인사하면 내가 일어나서 "예, 다녀오세요" 한다. 참 기분 묘하다.

막내 윤지는 "다녀오겠습니다"로 인사한다. 아직은 가르친 대로 한다. 인생이 짧으면 인사도 규칙대로 한다. '다녀올 수 있다'를 확신하는 나이다. 다녀온다는 것, 나갔다가 그 자리로 돌아온다는 것이 얼마나 어려운 일인지 나이가 들면 알게 된다. 삶이 불안한 때 더욱 그렇다.

내가 나갈 때쯤에는 이미 아무도 없다. 그래서 인사도 못하고 나간다. 누군가에게 인사를 남기고 나가는 순간이 행복하다. 메아리라도 돌아오면 좋으련만, 나오는 말이 없으니 들리는 말도 없다. 살아갈수록, 나이가 들수록, 말만큼은 누군가가 듣고 대답해주는 것이 좋다.

끝까지 남는 사람이 품는 사람이다. 마지막 남은 사람이 사랑하는 사람이다. 비록 되돌아오는 인사말은 없어도 가슴에 품은 사랑으로 생명을 키우면 된다. 오늘도 멋진 하루를 살고 저녁에 집으로 돌아올 아이들에게 "갔다 오셨습니까", "들어오셨습니까", "다녀오셨습니까"로 화답하며 맞아야지 생각하니 기운이 난다.

코체레 한 잔

아이들을 학교에 보내고 청소를 마치고 나면 한 잔 커피를 마시며 나를 축복하는 시간을 갖는다. 얼마 전 선물받은 코체레 커피로 아침을 채운다. 친구 목사님이 내게 선물로 챙겨주신 커피다. 이 아침에 난

아빠는 왜
그렇게
살아?

우정을 마신다.

검은 물빛이 이렇게 아름다울 수가 있을까. 마음을 위로하고 생각을 깊게 만들어 내 삶의 색깔을 찾아가게 한다. 검은 물빛에서 향기가 난다. 종류에 따라 다르지만, 오늘 아침에 마시는 검정물은 부드럽고 달고 신맛도 조금 느껴진다.

원두만 가지고는 향기를 낼 수가 없다. 원두를 수확해서 말리고, 요리조리 굴리며 태워서 검은색으로 바꾼 다음, 적정한 열을 가해 볶아야 기막힌 향이 난다. 초록빛은 향기가 없지만 검은빛은 향기를 낸다.

고통은 커피처럼 삶을 굴리고, 태우고, 볶고, 갈아서 나만의 맛을 내는 창조주의 고단한 작업이다. 이 과정을 품는 것이 인내다. 인내는 삶 깊숙이 파고드는 고통을 품는 일이다.

오늘 아침, 인생의 맛을 우려내는 시간을 보낸다.

방학은 전투다

방학이 되면 전투가 시작된다. 총성은 없다. 포탄도 없다. 그저 요란한 함성뿐이다. "일어나라"는 아침 구호가 난무하지만 갈 곳이 없는 아이들이 일어날 리 만무하다. 이 방에도 한 놈, 저 방에도 한 놈, 벌러덩 누워만 있다.

사령관의 호통에 벌떡 일어나는 건 배짱 없는 졸병뿐이다. 이미 다 큰 녀석들은 꿈쩍도 하지 않는다. 소리를 높이면 높일수록 이불 속으로 바짝 파고든다. 여름이 더운 이유는 집집마다 기상나팔 부는 엄마들이 뿜어내는 열기 때문이 아닐까.

어쩌다 간혹 집을 나가 뙤약볕에서 놀다가 새까만 얼굴로 들어오는 녀석이 있다. 입고 나간 옷도 가관이다. 긴팔에 긴바지, 그 속에 짧은 반팔과 반바지. 도대체 뭐가 뭔지 모르겠다. 집에서 잘 때는 선풍기를 켜고서도 덥다고 외치면서 정작 한낮에 놀러 나갈 때는 껴입고 나간다. 이해 불가다. 아빠 머리에서 열이 더 난다!

머리뿐이랴. 눈에서도 자주 불이 난다. 하루 종일 녀석들의 손가락은 시간 나는 대로 핸드폰 전쟁을 수행한다. 아빠의 열 감지기에는 아빠의 화를 돋우는 고도의 심리전으로 읽힐 뿐이다. 눈에 띌 때마다 핸드폰으로 뭔가를 하고 있다. "뭐 해?" 물어보면 "만화 보는데!"가 고작이다. 저 손가락질은 현관문 앞에서도, 화장실 들어가서도, 잠자리에 누워서도 계속된다.

방학은 전투다. 휴전의 날만 고대한다. 평화협정을 맺어야 하는데 언제쯤 맺어지려나. 곧 다시 휴전의 날, 개학이 다가오겠지. 그 전에는 땅이라도 많이 뺏어야지, 다짐해본다.

"다 놀러 나가! 저녁에 들어와!"

그럼 또 알았다며 한마디씩 하고 모두 나간다. 곧 평화가 임한다. 이 평화의 땅, 저녁때까진 뺏기지 않으리라.

카페 마놀린

우리 가족의 추억을 가장 많이 간직하고 있는 카페 마놀린에 갔다. 윤지를 본 주인 아저씨가 "네가 엄마 뱃속에 있을 때부터 너를 봤다"며 코코아를 타주신다. 제법 자란 윤서는 "10년이 지나도 코코아 맛이 변하지 않았어"라고 한마디 한다. 윤영이에게도 추억이 있다. 난생처음 커피 맛을 본 집이다. 지금의 '마놀린'으로 개명하기 전 그때 이름은 '커피 칸타타'였다.

내게는 아내와 마지막으로 커피를 마신 곳이다. 지난 10년 동안 교회 가듯 매주 방문한 집이기도 하다. 삶이 멈춘 자리, 삶을 곱씹는 자리, 삶을 새롭게 구상하는 자리였다. 앞으로 새로운 추억을 만들어갈 사람들을 만났다. 아이들부터 어른에 이르기까지. 추억의 장소에 추억의 사람들이 쌓여간다.

아빠를 반기는 춘녀

즐거운 주일을 마치고 더 즐거운 집에 돌아왔다. 나를 반기며 춘녀가 한마디 한다. "요시!" 내 신용카드가 필요했는데 찾지 못해서 미용실을 못 갔단다. 춘녀가 아빠를 반기는 한마디 말 '요시'는 일본말이다. 반가워서 하는 인사란다. 아빠를 좋아하는 춘녀의 한마디는 언제 들어도 좋다. 아빠 카드가 필요해서 반길지언정 큰딸의 기분 좋은 한마디가 피로회복제다. 어린애가 안기기만 해도 기쁜데 말까지 잘하는 윤영이가 귀가하는 아빠를 반갑게 맞이하니 이 밤이 어찌 기쁘지 않겠는가.

딸은 자란다

집안청소를 하는데 쪽지 하나가 튀어나온다. 뭐지 싶어 거기 적힌 글을 읽기 시작했다. 윤영이가 미술을 공부하기로 마음먹은 계기에 대해 쓴 글이었다.

> …제가 미술에 관심이 많다는 것을 알고 계시던 아버지가 교회 벽화 그리는 일을 제게 부탁했습니다. 저는 그 부탁을 받고 제가 미술을 제대로 시작할 수 있는 기회로 생각하고 할 수 있는 최선을 다해서 벽화를 완성했습니다. 아버지는 벽화를 보고 저를 미술학원에 보내주셨습니다. … 제게 기회를 주신 아버지에게 감사하고 아버지가 주신 그 기회를 놓치지 않은 저 자신에게도 고맙습니다….

신뢰는 아이들에게 자신감을 준다. 칭찬으로 세워주는 것도 필요하지만, 아이가 가진 은사를 발휘할 기회를 만들어 맡기고 믿어줘야 한다. 아이의 삶을 사랑으로 관찰하고, 은사를 발휘할 기회를 부여하고, 스스로 최선을 다해서 자신을 점검하는 경험을 하도록 돕는 과정을

통해 아이는 비로소 성장한다. 이제 윤영이는 미술을 전공하는 대학생으로 '독립'했다.

집안청소의 즐거움이란 이런 것이다. 집안 곳곳에 숨겨진 '보물'을 발견하는 기쁨이 있다. 어디 숨어 있는지 청소하기 전엔 모른다. 청소해보면 알게 된다. 집안 전체가 보물창고란 걸.

아이들은 스스로 성장한다

고2 때 윤영이의 은사를 발견하고 이탈리아를 여행하기로 마음먹었다. 건물의 외관을 보면 시간이 멈춘 듯하다가도 내부를 들여다보면 빠르게 흐르는 시간을 발견할 수 있는 영원의 도시가 딸의 마음을 사로잡았다.

이탈리아에서 디자인과 조각을 전공하신 집사님들을 만났다. 윤영이를 보고 화장한 걸 알아보시고는 한마디 하신다. "자기를 가꿀 줄 아는 사람이 디자인을 하는 거야."

고수의 내공이 느껴진다. 아빠는 화장하는 딸이 마음에 안 들었다. 너무 자기에게 집중하는 것 같아서. 하지만 고수의 한마디는 삶의 방향을 정하게 한다. 집사님들의 안내로 밀라노에 있는 디자인 관련 대학들을 방문했다. 세 곳 중에서 한 학교가 윤영이의 마음을 이끌었다.

자녀가 하나님이 주신 은사를 발견하고 자기 길을 찾아 배울 수 있는 학교를 찾아가는 과정이 감사하다. 스스로 진로를 찾아서 독립해

가는 자녀를 보는 부모의 마음은 기쁨으로 가득하다. 이제부터 윤영이는 기도하며 자기 길을 믿음으로 열어갈 것이다. 주저없이 자기 길을 가라고 아빠로서 축복한다.

자기다운 삶

윤영이는 여행 내내 매번 날씨에 맞는 옷과 신발을 고르느라 엄청 시간을 들였다. 아빠는 핀잔을 주고 싶었지만 "자기를 꾸미지 못하는 사람은 디자인할 자격이 없다"는 말을 상기하며 참았다. 곰곰이 생각해볼수록 이 말이 진리다.

자기에게 관심 없는 사람은 타인에게도 관심이 없다! 자신을 꾸미지 못하는 사람은 타인을 관찰할 힘이 없다. 자신의 욕구를 스스로 알고 구현하는 사람이 타인의 욕구도 함께 존중할 수 있다. 자신의 욕구를 알면 타인의 욕구도 알아보는 눈이 열린다.

세상은 타인의 시선에 너무 신경을 쓰느라 정작 자기다운 삶을 살 줄 모른다. 남이 바라보는 자기 모습에 속아 산다. 자기 삶을 주도적으로 살면서, 자신이 추구하는 바를 실현하며 살아야 한다. 다른 사람이 규정한 삶을 살아가는 허구에서 벗어나야 타인의 삶과 연대할 수 있다. 자기 삶을 살아야 다른 이들의 삶도 존중할 수 있다.

막내의 소원

이탈리아 성당에 들어갔을 때다. 동전을 넣고 소원을 비는 곳에서 '초딩' 4학년 윤지가 소원을 빌었다. "우리 아빠가 잔소리 좀 안 하게 해주세요."

'엉? 내가 잔소리쟁이 아빠라고?' 나는 비교적 잔소리가 적은 아빠라고 생각해왔는데 윤지에게는 그렇지 않았나 보다. 예전에는 일기장에다 '아빠는 잔소리 마왕'이라고 토로하면서 잔소리란 단어만 무려 스물한 번을 쓴 적도 있다. 그런데 이제는 그게 초딩의 '인생소원'으로까지 발전했다.

어쩐다? 누가 잔소리 안 하는 비법을 좀 알려주면 좋겠다.

윤영이의 눈물

벌써 2년 전 일이다. 고난주간 저녁집회에 참석하라고 했더니 윤영이가 "학원 안 가면 친구들보다 너무 많이 처진다"며 울었다. 마음이 무거웠다. 고3 수험생에게 고난주간 한 주 동안 저녁집회를 위해 학원에 가지 말라고 한 게 정말 억지였을까.

아빠로서 안타깝고 불안한 마음을 애써 누르고, 차근차근 설명했다. 모자라는 시간은 하나님께 맡기자고 말했다. 윤영이의 눈이 벌겋다. 미안하지만 그래도 이 길이 믿음이 자라는 길이라고 안심시키고 기도

로 축복했다.

예배를 마치고 나오는데 윤영이가 예배순서지 뒷면에 몇 자 적어서 준다. 하루는 친구 생일잔치를 해야 하니 봐달란다. 다음 말이 너무 웃기다. "예수님도 고난주간 중 하루는 만찬을 즐겼습니다."

그 만찬이 이 만찬은 아니지 싶었지만 참았다. 이 녀석, 눈물의 의미가 묘하다.

요즘 아이들이 사는 법

윤영이가 고3 수험생이 되면서 밤일(?) 한 가지를 더 해야 했다. 미술대 입시 준비하는 윤영이와 친구들 넷을 태우고 집으로 돌아오는 야간운전이다. 돌아오는 시간만이라도 쉬라고 시작한 내 차량봉사를 아이들은 무척 즐거워한다. 먹으면 영원한 살로 가는 야식을 간단히 준비해서 간다. 하여간 잘 먹는다.

봉고차에 타면 아이들이 의자를 뒤로 젖히고 누워서 앞으로 서너 달 동안 어떻게 시험에 대비할지 얘기한다. 내일부터 학교에 가지 않았으면 좋겠다, 바로 학원으로 등교하고 학원에서 잠을 자고 싶다, 잠옷 입은 채로 그림 그리다가 다시 잠들고 싶다, 화장실에서 대충 샤워하고 떡진 머리는 모자로 가리고, 그러다가 힘들면 찜질방 가고…. 정시가 다가올수록 아이들이 받는 스트레스가 엄청나다.

옆에서 듣던 나는 그렇게 안 해도 대학 갈 수 있다거나, 집에 가서 잘 쉬고 학원 가라거니, 스트레스만 쌓이고 더 안 좋다거니, 그림 그리는 애들은 창의성이 중요한데 창의성은 사고하는 데서 나오니까 차 타고 오가며 천천히 생각도 하라거니… 훈수한다.

"아빠, 모르는 소리." 이내 딸아이가 응수한다. 지난번 수시 때는 전국에서 온 사람들이 학원 주변 여관에서 잠자며 공부했단다. 속으로 놀란다. 입시의 세계가 너무 처절해서 안타깝다.

수시만 끝나면 학교 안 가도 되니까 학원으로 가서 밤새우며 공부하자는 얘기를 들으며, 한편으로는 대견하지만 다른 한편으로는 너무 안쓰럽다. 꼭 이렇게 해야 대학에 갈 수 있나? 이렇게 해야만 살 수 있나? 세상이 너무 무섭다. 그래도 견디는 수험생들이 대견하다. 이 아이들이 자라면 부디 이런 입시제도는 없애주기를 기대해본다.

웃음꽃

늦은 시간 귀가하는 고3 수험생 윤영이 때문에 윤서와 막내도 늦게 잠든다. 늦게 귀가해서 한바탕 웃음꽃을 피우고 각자 잠자리로 든다.

오늘은 아빠 때문에 웃는다. 아빠에게 영화 〈나 홀로 집에〉의 도둑 분장을 시키고는 한바탕 웃는다. 아빠에게 도둑놈 포즈를 취하라고 한다. 지갑까지 쥐여주고, 자기 옷도 가져와서 입히고는 마음에 들면 가지란다. 이쯤 되니 진짜 도둑이 된 기분이다. 옷도 한 벌 공짜(?)로 얻었고.

이렇게라도 웃으며 하루를 마칠 수 있어 감사하다. 하루 종일 그림 그리고 돌아와서도 힘든 내색 않는 윤영이와, 그런 누나와 언니를 위해 마음 쓰는 동생들 때문에 한 방 가득 웃음이다.

만약에

미술학원 다녀오는 딸과 같은 학원에 다니는 친구를 불러서 피자를 먹었다. 이 늦은 시간에도 피자를 맛나게 먹으며 조잘거리는 수험생 녀석들에게 고마울 뿐이다. 하루 동안 할 일을 다 하고도 여전히 먹을 힘이 있고, 먹고 난 뒤에 조잘거릴 수다가 있어서 감사하다.

"만약… 수능 국어 점수가 조금 더 올랐으면 서울대에 갈 수 있었는데…" 지우고 싶고 바꾸고 싶은 과거는 얼마나 많은가. 다시 쓰고 싶은 개인사는 무궁무진하다. 현재에 살며 '만약'으로 과거를 바꿔보는 일은 일상다반사다.

윤영이가 "엄마가 아프지 않았다면 책도 쓰지 않았겠지?"라고 말한다. 나는 황급히 책 안 써도 되고 유명하지 않아도 좋으니까 엄마가 건강했으면 좋겠다고 응수한다.

이번에는 내가 "엄마와 결혼하지 않았다면…" 하고 말을 꺼내자마자 윤영이가 다급하게 끼어든다. "우리가 못 태어나지. 우리가 없어도 돼?"

아빠 말이 너무 나갔다며 여유롭게 아빠를 훈계한다. 내가 우겼다.

"결혼을 안 했으면… 이런 일도 없는 거잖아?"

옆에서 듣고 있던 윤영이 친구가 훈수를 둔다. "에이 목사님, 그게 아니죠. '결혼 안 했으면' 대신 '아프지 않았다면' 하면 되죠." 그 말이 맞다. 위로가 된다. 아픔 때문에 모든 존재를 부정할 뻔했다. 윤영이가 친구를 잘 사귀었다. 새로운 인생을 쓰고 싶어도 결혼을 후회하지는 말아야지. 아픔만큼 큰 선물이 있으니까! 우리 아이들이 있으니까!

아빠를 잘 아는 딸 1

내 입학식이나 졸업식에는 아버지가 항상 없었다. 함께 찍은 사진이 한 장도 없다. 기억 속에 존재하는 입학식과 졸업식에도 아버지는 없다. 심지어 그 흔한 가을운동회에 참석한 아버지의 기억마저 희미하고, 그 희미한 기억조차 아픔으로 남아 있다. 술 취한 아버지.

결혼하며 결심했다. 내 아이들의 졸업식에는 반드시 가리라고. 그래서 유치원 졸업식에도 갔다. 초등학교, 중학교까지도 갔다. 고등학교는 입학식부터 오지 말라고 했다. 그래서 안 갔다.

내일모레면 윤영이가 대학입시 마지막 수시를 본다. 아빠는 지금 미국에 와 있다. 물려주고 싶지 않은 아픈 기억이 생생하게 몰려온다. 출국 전에 마음이 쓰여 "혼자 갈 수 있지?" 물으니, "걱정 마!" 한마디가 쿨하게 돌아왔다.

아빠는 왜
그렇게
살아?

아빠를 잘 아는 딸 2

　미술 입시학원 한 달 비용이 200만 원이라고 했다. 두 달이면 집안 살림 휘청거리겠다고 생각했는데, 날아온 청구서에는 두 달에 200만 원이라고 적혀 있었다. 그것도 부담스러운 게 사실이지만 내심 숨기고 허풍을 떨었다. "걱정 마. 너거 아버지 돈 많다."
　그런데 녀석이 지나가는 말로 그런다. "한 달에 열여섯 번 수강인데 전부 다니면 200만 원이야. 나는 절반만 갔어. 나머진 안 가도 혼자 공부할 만해."
　눈물이 핑 돌았다. 녀석도 나를 알고 있다. 절반 정도만 수강해도 혼자서 할 수 있다며 아빠를 안심시키는 딸. 무심한 듯해도 아빠를 가장 잘 아는 녀석이다. 언제나 결정적일 때 제대로 위로를 날린다.
　시간이 지나면 윤영이도 어른이 되고, 아빠가 의지할 만한 큰딸이 되겠지. 삶은, 시간은 결코 속이지 않는다. 부모에게 사랑을 배운 아이들이 부모에게 사랑을 되돌린다. 그 사랑이 부모보다 커지려면 시간이 필요하지만, 사랑이 사랑을 낳는 건 변함이 없다.
　아이가 어른이 되는 것은 사랑을 힘입어서다. 그러니 어른이 되어서도 사랑을 모른다면 여전히 아이로 머물러 있는 것이다.

춘녀 파이팅!

오늘 '춘녀' 윤영이가 정시 '다'군 마지막 시험을 본다.

어제는 아침에 학원을 데려다주는데 처음으로 이런 질문을 한다. "아빠, 나 다 떨어지면 어떡할 거야?"

녀석도 긴장이 되는 눈치였다. 내가 아무렇지 않게 대답했다. "응, 먼저 한 달은 여행 가서 놀기로 했잖아. 다음 일은 그 다음에 생각하자." 시험 끝나면 무조건 여행 보내준다고 미리 약속했던 참이었다.

"아직 결과도 안 나왔는데 왜 걱정부터 해?" 그러자 윤영이는 말했다. 미래를 생각해두어야 한다고. 그래서 내가 그런 미래는 실컷 놀고 나서 생각해도 된다고 했다. 결과가 나온 뒤에 생각해도 늦지 않다고 말이다.

저녁에 카톡으로 "춘녀, 걱정 말아요" 하고 한마디 날렸더니, 녀석도 아빠 마음을 아는지 하트와 함께 "아빠도요"라고 답을 보내주었.

아침에 시험 보러 가기 전 녀석 지갑에 몰래 용돈을 담뿍 넣어주었다. 시험 끝나고 신나게 놀라고. 시험 보러 가는 길에 "낄낄, 아주 기쁜걸" 하고 문자를 보내왔다. 예상 못한 후한 용돈이 긴장을 풀어주길 바랐다. 미래에 대한 염려보다는 용돈 쓸 궁리로 시험장을 기쁘게 나설 딸의 모습이 떠오른다.

자식의 진로

맘대로 안 되는 일 중에 단연 첫째는 자식들의 진로다. 세 대학에 원서를 접수하는 윤영이가 물었다. "아빠, 나는 A대가 내 적성과 스타일에 제일 맞아. 거기 써도 돼?"

나는 주춤주춤 알아서 하라고 말한다. 하지만 내심 다른 대학을 바라고 있었다. 그래도 아빠가 결정해달라는 아이한테, 등록금 적은 데 가라는 말을 꾹 누르고 "네가 가고 싶은 대학을 가야지"라고 말해버렸다. 내 마음대로 안 돼서 다행이다. 내 마음을 따르지 않은 입에 100점을 주고 싶다. 윤영아, 가라. 네가 원하는 학교로.

딸의 진로가 선명해질수록 아빠는 하나님 앞으로 더 빨리 나간다. "갈 길을 밝히 보이시니 주 앞에 빨리 나갑시다." 자식의 길이 분명해질수록 아빠는 경건해진다!

"아파트 사줄게"

춘녀가 조조 영화를 보여달라고 아빠를 조른다. 7천 원이면 된단다. 나도 모르게 입에서 이런 말이 튀어나왔다. "안 돼~ 아빠 7천 원 모아서 아파트 살 거야."

아빠 말을 들은 춘녀 반응에 '깨갱'했다. 방긋 미소를 지으며 이렇게 말한다. "에이, 내가 아파트 사줄게, 7천 원 써."

놀라워라. 뉘 집 자식인지 통이 참 크다.

하나님, 이런 말은 이뤄지게 해주시겠지요? 자식이 아비를 위해서 한 말이잖아요.

부모의 십자가

학교 가는 윤영이에게 큐티 했는지 묻는다. 너무도 자연스럽게 "아니!"라고 대답하며 문을 열고 나간다.

아침에 두 명, 저녁에 한 명 붙잡고 묵상 훈련을 해야 하는데, 아직도 몸에 배지 않았는지, 일일이 확인하지 않으면 하지 않고 넘어간다. 그렇게 오랫동안 해왔는데도 그렇다.

나도 싫다. 내 묵상은 내가 하고, 너희는 너희가 알아서 하라는 생각에 빠진다. 사실은 시간을 내서 아이들과 함께 묵상하고 싶지 않아서 그렇다. 찬찬히 가르쳐줘야 하는데 말이다.

아이들이 <u>스스로</u> 묵상할 수 있도록 가르치는 일은 부모의 몫이다. <u>스스로</u> 묵상한다는 것은 대단한 훈련임이 틀림없다. 그 경지에 이르기까지 부모 자신이 하고 싶은 일들을 줄이고 아이들과 함께 해야 하는데, 아이들에 대한 책임을 지기 싫어서 "각자 알아서 하라"고 한다. 낳았으니 양육의 책임이 있는데, 알아서 자라라고 말하는 격이다. 하나님은 분명 양육까지 하라고 나를 부모 삼으셨는데….

자기욕구를 부인하지 못하면 언제나 사람의 일만 생각하는 사람이

된다. 이 아이들을 하나님의 뜻에 맞게 잘 양육하는 일이 내가 질 십자가요 부르심이다.

공구통 든 여자

"밤길 조심해. 너 이뻐서 누가 데려갈지 몰라, 알았지?"

학교에서 밤늦도록 과제 하느라 애쓰는, 어엿한 대학생 딸에게 문자를 보냈다. 딸에게는 밤보다 사람이 더 무섭다고 생각했던 것이다. '딩동' 하며 윤영이가 보낸 사진이 한 장 날아왔다. 손에 공구통을 든 사진이다. 미술을 전공하는 윤영이가 공예수업에 쓰는 공구통이다.

"누가 덤비면 공구박스에서 망치 하나 꺼내지 뭐."

"헉!"

"톱도 있을걸."

"허걱!!!"

"내가 이기겠지?"

이러다 경찰한테 잡혀갈지 모르겠다. 다름 아닌 무기 소지죄로.

부디 늦은 밤 공구통 든 여자와 마주치지 마시길!

말로 해!

아들에게 받은 어버이날 편지.
단문으로 굵게 한마디 남겼다.
"남자는 마음으로 이야기하지, 말은 필요 없다!"
으이그 아들아~ 제발 말로 해라, 쫌!

존재를 사랑해

요즘 워낙 느글느글 능글능글한 아들에게 느닷없이 물었다.
"너, 아빠 사랑하는 거 맞냐?"
아빠의 질문에 어디서 주워들었는지 능청스러운 답이 돌아왔다.
"그러~엄, 아빠의 존재를 사랑하지!"
"오, 그럼 아빠가 아무것도 안 해도 되겠네? 아빠의 '존재'를 사랑하니까 말야. 김윤서, 이제부터 네가 설거지해라. 아빠는 쉰다."
춘돌이 표정이 가관이다. '헐, 지금 이게 뭔 시추에이션?' 하며 황당해하는 모습이다.
춘돌이가 말한 '존재를 사랑한다'는 의미를 나는 이렇게 이해한다. 그를 위해 내가 더 움직인다는 것, 그를 위해 내가 더 수고한다는 것!

아들의 말 한마디

기특하게 아들이 책상에 앉아서 공부를 한다. 그런데 영어 듣기 공부를 하면서 정작 입은 가만히 다물고 손으로 답만 적는다. 보다못해 점잖게 권면했다.

"아들아, 입으로 따라하면서 써야지."

명색이 외국어(독일어)를 전공한 아빠 아니던가.

아들이 아빠 말을 받아친다.

"말로 따라하면 못 받아적어. 오히려 방해가 돼."

다시 차근차근 설명을 했다.

"너 '아빠'라는 단어를 쓰기부터 배웠어, 말하기부터 배웠어? 말을 먼저 배웠지? 나중에 쓸 줄 알게 됐고? 그러니까 아빠 말대로 해봐."

아들도 고분고분 물러설 기세가 아니다.

"내가 알아서 할게."

갑자기 무시당하는 기분이 들어 반격에 나선다.

"너, 이렇게 해서 30분 안에 숙제 마치고 나가서 놀려는 거지?"

"응."

이제 본격적인 잔소리가 발사되기 시작한다.

"그러니까, 공부엔 관심이 없고 노는 데 정신이 팔려 있잖아. 공부 좀 진득하게 하면 안 되냐?"

잔소리 마왕의 한마디에 아들도 기분이 상했는지 입이 튀어나온다. 그렇게 마음이 상한 채 교회로 출근하고 나서 하루 종일 우울했다. 저

녁에 다시 만난 아들은 아침 일은 잊었는지 "아빠, 안녕" 하고 인사한다. 그런 아들이 미웠다. "아빠는 안녕 못하다."

아들에게 전 재산을 넉넉하게 주시는 아버지도 있지만, 아들의 말한마디에 빈정 상해서 하루 종일 우울한 아버지도 있다. 재산을 탕진하고 돌아와 품꾼으로 써달라고 해도 아들로 받아준 아버지가 있는가 하면, 말 한마디 거역했다고 밤늦게까지 화가 나서 아들의 인사도 받아주지 않는 아버지도 있다. 회개하며 돌아온 아들을 위해 잔치를 베푸는 아버지가 있는가 하면, 돌아오는 아들을 보면서 회개해야 하는 아버지도 있다.

아들아, 나는 진짜 아빠가 아니다. 하늘에 계신 그분이 바로 진짜 네 아빠다! 오늘은 내가 아버지로서 가짜임이 판명난 하루였다. 다른 것도 아니고 아들의 말 한마디에.

목욕

중학생 아들과 목욕탕에 갔다. 아들은 나를 보며 여유만만이다. 등을 밀어달라며 돌아앉는다. "순서가 그게 아니지." 아빠 등부터 밀라고 했다. 손끝에 힘이 들어간다. 살살 하라고 했다. 때가 없단다. 아빠는 속까지 깨끗하다고 했더니, 히죽 웃으며 놀린다.

아들은 아빠가 등을 빡빡 밀어도 아프다는 소리도 안 한다. 녀석 많이 컸다. 때가 도르르 말리며 밀려나온다. 억지로 보여주며 "더러운 놈!"이라고 했더니 "목욕탕이잖아!"라며 또 히죽 웃는다.

탕 속에 앉아서 한숨 자려는데 아들이 덥다고 나가자며 보챈다.

나는 아버지하고 목욕 한 번 한 적 없이 컸다. 술 취한 아버지를 둘러업은 적은 있어도 아버지와 살갗을 맞대고 웃은 기억은 없다. 그런 내가 지금은 아들하고 놀 생각으로 가득하다. 여행도 가고, 목욕탕도 가고, 등산도 가고, 고깃집도 가고, 바닷가도 갈 생각이다. 갈 곳은 끝없이 늘어난다.

아들 등을 밀어주고 와서 몸살이 났다. 머리가 아프고 재채기가 나서 누웠다. 아들 등 밀고 몸살이 나다니. 어릴 때 집에서 목욕시키던 아기가 아니다. 욕조에서 같이 샤워하던 꼬맹이가 아니다. 개울에서 같이 멱 감던 어린이가 아니다. 아들 등짝이 끝이 보이지 않는 넓은 들판같이 자랐다. 어차피 다 밀어주지도 못할 텐데, 조금만 밀고 남겨둘 걸 그랬다. 추억처럼.

시.가.렛

"아들아, 어제 배운 영어 단어 첫 번째가 뭐냐?"

아들을 깨우며 영어 단어를 복습시키기 위해 물었다. 아들의 답이 미심쩍어 다시 물었다.

"시크릿?"

"아니, 시가렛!"

"스펠링은?"

"C, I, G, A…."

아, 담배라는 뜻의 그 단어….

"야, 그게 첫 번째 단어야? 첫 페이지에 그거 없었는데?"

급기야 내 조급함이 발동했다.

"사람은 자기 마음속에 있는 걸 먼저 말하는 거야. 너 아직도 담배 피우냐?"

아빠의 어마어마하고 무모한 억지에 아들은 완강히 저항한다.

"첫 단어 맞아! 접혀진 부분에 있어."

이부자리에서 잽싸게 일어나 어제 공부한 책을 찾아 아빠에게 들이민다.

"여기 있지?"

"그러네. 근데 이제 일어났니?"

오늘도 아들 깨우기 작전은 성공했는데, 곤히 자는 아들 깨우다가 부모 안에 잠자는 의심까지 깨울 뻔했다. 얼~ 시가렛, 책에 진짜 있구나. 어휴, 놀라라.

더운 여름 '악'과의 씨름

아침식탁에 먼저 앉은 윤서가 식사를 시작한다. 반찬통 뚜껑을 열지도 않고, 랩을 씌운 반찬그릇 세 개나 개봉도 하지 않고 혼자서 열심히 밥을 먹는다. "윤서야, 다른 사람도 부르고, 반찬통 뚜껑도 열고, 랩도 걷어내고 먹어야지?" 아빠의 말에 예의 바르게 "예" 하면 얼마나 좋을까. 곱지 않은 대답이 돌아온다. "먹고 싶은 사람이 열고 먹으면 되잖아."

식탁에는 예의라는 게 있는데, 어른에게 먼저 권하고 먼저 온 사람이 모두를 위해 차려놓는 거라고 아빠가 설명하는 동안 아들 얼굴에 짜증이 확 몰려온다.

"자기가 먹고 싶은 건 자기가 차리면 되지. 아빠도 손 있잖아?"

"아빠가 손이 없어서 말하는 게 아니야. 난 지금 아들한테 예절을 가르치는 거야. 너, 학교 선생님 말에는 이렇게 안 하지?"

"아빠는 아빠지 선생님이 아니잖아? 선생님은 이런 일 안 시켜."

"아빠니까 더 공경해야지, 안 그래? 얼른 다른 사람 것도 차려." 이제 내 말에는 분노의 에너지로 결집된 힘이 실린다.

"그래도 자기가 먹고 싶은 건 자기가 차리는 거지." 녀석도 분노를 담아 반격한다.

난 화가 나면 점점 더 차분해진다. "그렇구나. 그러면 아빠가 너한테 사랑으로 사준 핸드폰, 오늘 가서 정지시켜야겠다." 치사하다 할지 모르나, '자기 하고 싶은 건 자기 손으로'라는 말을 공평하게 적용하려면 그게 옳지 않겠는가.

'자기 먹고 싶은 건 자기가 차려야 한다'는 아들의 말에는 이기심이 가득하다. 이기심은 악이다. 그렇기에 싸움은 끝까지 가야 한다. 여기서 물러서면 안 된다. 악에 맞서는 전사가 되어야 한다.

"반찬통 뚜껑 전부 열고 먹든지, 아니면 네가 하고 싶은 대로 해. 아빠도 아빠 맘대로 할 거니까."

아들은 숟가락을 내려놓고 "안 먹어!" 하고 일어선다.

나도 단호했다. "그래 좋다. 네가 선택한 대로 해주마. 네 핸드폰은 오늘 아빠가 정지시킨다."

"왜?"

"너의 악함에 상응하는 벌이다."

잠시 침묵. 아들이 반찬통 뚜껑을 전부 열더니 자기 밥은 밥솥에 다시 넣고 자기 방으로 간다. 그러면서 "아빠가 하라는 대로 했다"고 한다. 나는 아니라고, 말로 사과하고 용서를 빌라고 했다. 그러고 밥을 먹으라고. 아빠는 9시 반에 출근할 거니까 그 전에 사과하고 밥을 먹으라고 시간을 줬다.

방에 있던 아들이 다시 나와서 밥을 먹는다. 핸드폰으로 만화까지 보면서.

"아빠한테 사과는 안 하냐?" 내 말에 쪼르르 달려오더니 배시시 웃는다.

"내가 하고 싶은 대로 하려고 아빠 말씀에 불순종했어요."

"그래, 아들. 좀 전에 네 행동은 이기적이었어. 이기심은 악한 거다."

인생에도 수시로 불볕더위가 찾아온다. 여름의 더위는 선풍기나 냉방기로 피할 수 있지만, 인생의 불볕은 딱히 피할 방법이 없다. 사랑으로 헤쳐나가는 수밖에는.

춘돌이의 방학

방학이 시작돼도 입시생 큰딸은 벌떡벌떡 일어나서 학교와 입시학원으로 간다. 막내의 방학은 좀 더 있어야 시작한다. 아들 춘돌 군은, 노예의 삶을 살기 시작했다. 아주 순종적인 노예.

우리 집안에서는 기적에 가까운 173센티미터의 큰 키를 제대로 활용해, 벽에 달린 선풍기를 떼서 팬과 덮개의 먼지를 씻어내고 다시 끼운다. 아주 점잖게 잘한다. 오늘은 분리수거와 청소하는 법을 가르친다. "뭘 이런 것까지 가르치려고 하세요?" 하면서도 묵묵히 한다.

아니나 다를까, 오늘 아침에는 '이제 나올 때가 됐는데' 하고 예상했던 그 말을 한다.

"이 정도 부려먹었으면 일한 값을 줘야 하는 거 아냐?"

"그럼 아빠가 하는 일마다 아들이 돈 줄래?"

기다렸다는 듯 되묻는 아빠의 말에 녀석은 별수 없이 히죽 웃는다. 이 더위에 나갔다 들어왔다 반복하며 하라는 일을 다 한다. 점심에는 라면까지 끓였다. 울 아들, 이제 다 컸다.

완강한 아들이 유순한 노예로 변신 중이다. 오래 참은 건 반드시 보상을 받게 되어 있다. 이런 방학이라면 더 길게, 이대로, 쭈~욱 계속되면 좋겠다.

부르심을 따라 살기

부산 집회에서 말씀을 전하고 늦게 집으로 전화를 했다. 윤서가 받았다. 어디냐고 묻는다.

"아빠, 부산이에요." 내려올 때 이미 말한 것 같지만, 그래도 아들이 물으니 친절히 대답했다.

바로 응답이 온다. "뭘 그렇게 멀리까지 가셨어요."

능글능글한 말투 속에 아빠를 그리워하고 보고 싶어 하는 마음이 느껴졌다. 기쁜 마음에 "아빠 보고 싶어?" 물었더니 "보고도 싶고…"라며 말끝을 흐린다.

부르심을 따르자면 어디든 못 가랴마는 아이들의 얼굴이 떠올라 머뭇거릴 때가 있다. 뭘 그렇게 멀리까지 갔느냐는 말에 내가 갈 수 있는 곳, 갈 수 있는 거리를 잠시 생각해본다.

부르심이라면 어디든 못 가랴. 부르심을 따르는 삶은 모든 거리를 지척으로 만들지만, 부르심 없는 삶은 하룻길도 천 리로 만든다.

아빠의 밥상친구

방학이다. 일어나라고 아무리 불러도 조금만 더 자자, 조금만 더 졸자는 목적 없는 영혼이 춘돌이의 몸을 집어삼켰다. 신음소리만 들리고 반응이 없다. 삶의 목적이 분명하고 갈 길을 정한 춘녀는 벌떡 일어난다. 가끔은 다시 픽 쓰러져도 언제 그랬냐는 듯 금세 일어나 스트레칭을 한다. 그리고 자기 일을 시작한다.

춘돌이를 깨우러 다시 갔다. 건장한 몸을 지그시 눌러봐도 전혀 눌리는 기색이 없다. 오히려 팔이라도 한번 휘두르면 아빠가 나가떨어질 판국이라, 조심스럽게 아빠가 위에 있다고 알렸다. 두려움에 떨며 아빠는 아들의 배에 올라탄다. 그래도 아랑곳없이 일어날 기색이 없는 아들.

밥을 차리다가 또 아들을 부른다. "아들, 아빠 혼자 밥 먹는데 친구 해주라." 그러자 아들이 벌떡 일어나 식탁으로 나온다. 친구해달라고 하니 일어나는구나.

오늘 아침식탁에선 춘돌이가 아빠의 친구가 되었다. 이 기쁨!

윤서의 노래

춘돌이가 흥얼흥얼 노래를 부른다. 아빠가 좋아하는 윤도현의 〈너를 보내고〉를 고개까지 꺾어가며 부른다. 내가 돌아보면 히죽 웃으며 노랫말을 정확히 이어간다. (잘 때도 윤도현의 노래를 핸드폰으로 들려준다. 아빠가 지루할까 봐서 그런단다. 저 혼자만의 생각이다.)

"먼 산 언저리마다 너를 남기고 돌아서는 / 내게 시간은 그만 놓아주라는데." 아빠 귀에는 마치 자기를 놓아달라는 소리로 들린다. '아빠, 나 사춘기 지났어. 이제 독립이에요' 하고 외치는 것처럼 들린다.

그건 아빠도 바라는 바다.

포근한 마음을 가진 이 녀석이 점점 더 사랑스럽다. "난 왜 널 닮은 목소리마저 가슴에 품고도 / 같이 가자 하지 못했나"를 부를 때는 히죽히죽 웃는다. 아빠를 사랑해서 아빠가 좋아하는 가수도 좋아하지만, 자기 길을 꿋꿋이 가겠다는 의지 같기도 하다.

문득 춘돌이가 묻는다. "아빠, 나 건축가 될까?" 꿈을 꾸는 아들을 보며 아빠 마음에 기쁨의 샘이 터진다. "좋지!"

아들이 꿈을 꾸면 아빠는 춤을 춘다.

'본래 받는 버릇'

출애굽기에 '본래 받는 버릇이 있는' 소 얘기가 나온다. 출 21:29, 36 그런데 이 '받는 버릇'이 사람에게도 있다는 걸 최근에 알았다.

운동을 마치고 돌아와 땀을 식히는 중에 전화가 왔다. 춘돌이를 찾는 이모 전화였다. "아들, 전화 받아. 이모 전화 왔다!" 아무런 기척이 없어서 한 번 더 "아들, 이모 전화!" 하고 불렀다. 마침 윤영이가 현관으로 들어서고 있었다.

방에서 나온 춘돌이는 대뜸 언성을 높이며 "왜 화를 내?"라고 폭탄을 날린다. 어리둥절해진 윤영이와 나는 "누가 화를 내?"라고 응수한다. 방에서 알았다고 대답했는데도 내가 여러 번 불렀다며 춘돌이가 거듭 화를 낸다.

"아들, 두 번이 왜 여러 번이냐?" 나는 황당했다. 자기는 화를 내는 것으로 들었단다. 아무리 설명해도 자기는 그렇게 느껴졌단다. "좋아, 그렇게 느꼈다고 치자. 그럼 '아빠, 화 나셨어요?' 물을 것이지, 대뜸 왜 화를 내며 아빠한테 대드냐"고 일장 훈계를 했다.

곁에 윤영이가 없었으면 중학생 아들에게 완전히 당할 뻔했다. 말한 사람은 전혀 그러지 않았는데 '그렇게 느꼈다'? 그렇다면 그건 본인이 '들이받는' 기질을 가졌기 때문이다. 소가 얼마나 힘이 센가? 소한테 받힌 사람은 죽는다. 그렇게 사람을 받는 소를 율법은 죽이라고 하는데, 아빠를 들이받는 아들은 어째야 할까? 그때는 아빠가 죽어야 한다! 그것도 아들을 가르치기 위해 슬며시 죽어줘야 한다.

인간도 소처럼 들이받는다. 성질을 부린다. 그 성질에 받혀서 죽는 것보다 사랑으로 스스로 죽는 편이 낫다.

참고 또 참고

"아빠, 축구 있어. 빨리 가야 해."

눈뜨자마자 재촉해대는 아들, 아침식사를 마치고 학교 갈 준비까지 끝내니 시간은 6시 55분이다. 너무 반가워서 성경 묵상하자고 했더니 신발끈을 조이는 척하며 아빠 말을 뭉갠다. "시간 끌지 말고 와서 묵상하고 가라. 그래도 시간 남는다." 다그쳐도 마음은 이미 운동장으로 훨훨 날아간 모양이다.

"윤서야, 이런 게 아빠 말에 불순종하는 거야. 시간이 없는 것도 아니고, 남은 시간 동안 묵상하고 가도 되는데 급한 마음에 하기 싫은 거지? 얼른 하고 가라." 점잖게 말하고 기다렸다. 그러나 윤서는 끝내 문을 박차고 나갔다.

참아야 했다. 아침밥 먹을 때 켜둔 음반에서 유지연 장로님의 〈사랑은 동사〉가 흘러나온다. "사랑은 동사… Love is a Verb. 사랑은 오래 참고." 참고 또 참았다.

아이들 키우다 보면 좋은 것을 가르치기가 더 힘들다. 그래서 솔로몬도 아들에게 지혜를 배우고 찾고 듣고 마음판에 새기라고 그토록 거듭 말했나 보다. 잘난 척하는 사람은 말씀 듣기가 더 어렵다. 똑똑한 솔로몬의 실패한 삶을 배우는 잠언에 주목할 이유가 여기 있다.

지혜로운 사람은 겸손하고 온유한 사람이다. 그뿐 아니라 지혜는 악을 밝혀내고 악을 거절하는 능력이라는 점에서도 중요하다. 악은 참는 것만으로 안 되고 싸워야 할 때가 꼭 온다. 나는 아직은 참는 중이다.

예쁘다는 말은 없잖아!

아이들과 잠언 묵상을 마친다. 춘돌이가 마무리 기도를 하는데, 묵상 내용과는 달리 "누나 공부 잘하게 해주세요. 행복한 하루 되게 해주세요"라고 늘 하던 습관적인 기도를 한다.

내가 실눈을 뜨고 "오늘은 현숙한 여인을 얻게 해달라고 기도해야 하는 거 아니냐?" 하니, 냉큼 받아서 "현숙한 여인을 얻게 해주세요"라고 덧붙인다. "그럼 현숙한 여인의 특징도 말해야지" 하니, 기도하다 말고 냉큼 대답한다.

"뭘 더해? 현숙한 여인 안에 다 들어 있잖아요."

"그게 아니지 아들. 그럼, 네가 나중에 결혼하고 싶은 여자를 두고 기도해봐."

아빠 말에 주저없이 기도하는 아들. "예쁘고, 건강하고, 부지런한 여자를 만나게 해주세요."

"성경에 예쁘다는 말은 없잖아"라며 핀잔을 주자, 아들 왈 "내가 바라는 대로 기도하라며?" 한다

옆에서 듣던 윤지도 끼어들었다. "난 어떻게 기도해?"

"응, 아빠 같은 남자 만나게 해달라고 기도해."

윤지는 "하나님 아버지, 아빠 같은 남자 만나게 해주세요"라고 기도하고 피식 웃는다. 이 웃음은 무슨 뜻일까? 어린 꼬마의 웃음을 알 길이 없다.

현숙함은 지혜로움이다. 하나님을 경외하는 지혜가 있는 여인이 곧 현숙한 여인이다.

뭐 해주고 싶은 거 없어?

춘돌이가 반바지와 반팔 티셔츠와 양말이 필요하다고 해서 아울렛

매장에 갔다. 각각 두 벌씩 사주었다. 윤서 입이 헤벌어지고, 눈에는 사랑이 이글거린다. 아빠 마음도 덩달아 신이 난다. 친구하고 사러 가겠다는 걸 내가 같이 가겠다고 고집했다. 자기 옷이 아니었으면 분명 같이 안 갔을 것이었다.

춘돌이가 아빠 부탁을 들어주고 나면 꼭 하는 말이 있다. "나한테 뭐 해주고 싶은 거 없어? 내가 이렇게까지 하는데." 그 말을 나도 녀석에게 그대로 써먹고 싶은데 참느라고 무지 애를 먹었다.

아들에게 오랜만에 옷 사주면서 꼭 애들처럼 구는 나를 봤다. 사실 녀석이 하는 말들은 다 내 입에서 나간 말이다. "아들, 아빠한테 뭐 해주고 싶은 거 없어?" 그러고 보니 들은 이야기 한 토막이 생각난다. 어느 목사님이 아들하고 차를 타고 가는데, 갑자기 끼어들어 앞질러가는 차를 본 아들이 창을 열고는 입에 담지 못할 욕을 하더란다. 알고 보니 그게 아들 앞에서 그 목사님이 평소 하던 욕이었다나.

이젠 나도 고만 말해야겠다, 딱 한 번만 더 하고. "아들, 요새 아빠한테 뭐 해주고 싶은 거 없어?"

5월 18일

함께 성경을 보다가 아들에게 물었다. "오늘이 무슨 날이야?" 아들이 눈만 끔뻑끔뻑하다, 아빠의 핀잔에 얼른 신문을 훑더니 냉큼 "알았다. 5·18 광주민주화운동 기념일!" 한다.

"오늘 성경에 뭐라고 되어 있니?"

"의인은 칭찬을 받으며 기억되지만, 악인은 그 이름마저 기억에서 사라진다." 잠언 10:7

"그러면 누가 악인이고 누가 의인일까?"

"광주 시민이 의인이고, 악인은 전두환 군사정권이지."

흠, 제법이다. 녀석이 이런 것을 분별할 줄 알다니.

"그러면 너는 누구를 기억하니? 광주 시민이니, 전두환 전 대통령이니?"

"전두환 대통령."

"엉?"

성경은 의인은 칭찬받으면서 기억되지만 악인은 잊혀진다고 했는데, 우리네 현실은 달라 보인다. 잊지 말아야 할 의인은 잊어버리고, 원통해서 되레 악인은 기억하게 되는 모순된 현실이 아프다. 역사는 악인의 악행보다 의인들의 선행을 기억하기 위해서 존재해야 한다. 악과 싸운 의인들을 기억하는 것이 하나님의 뜻이다.

시간을 잘 다스리는 사람

"아빠가 할 수 있잖아."

일을 시키자마자 아들은 이불을 말아 뒹굴면서 응답한다. 이 녀석이 감히! 분노를 삼키고 가만히 생각해보니, 내가 할 수 있는 일을 아들에게 시키긴 했다. 할 수 없어서라기보다 시간이 없어서 못하는 경우가 대부분이다.

능력보다 시간이 귀하다. 시간을 잘 다스리는 사람이 하고 싶은 일을 할 수 있다. 시간을 다스리지 못하기에 자기 능력을 계발한다며 시간을 허비한다. 그래서 정작 하고 싶고 할 수 있는 일은 하지 못한다. 성령 충만한 사람은 세월을 아껴 사는 사람이다.

"야, 할 수 없어서 못하는 게 아니라 시간이 없어서 못하는 거야. 그러니까 도와줘, 아들~"

진리를 깨달았지만 아빠와 아들은 여전히 티격태격한다. 피차 시간이 없으므로.

아들과 하는 매일 묵상

아이들에게 매일 묵상을 가르치는 건 힘겨운 일이다. 결의를 새롭게 다진 뒤, 세 아이와 돌아가면서 이틀씩만 해도 일주일이 지나간다. 스스로 묵상하도록 가르치지만 언제나 결과는 처참하다. 눈가림으로만 할 뿐, 제대로 하지 않는다.

잠들기 전 아들에게도 내일 아침부터 묵상을 같이 하기로 확약을 받아놨다. 아침이 되어 일어나라는 말에 순순히 일어나긴 했는데, 첫마디부터 어긋난다. "나 7시 50분에 나가야 해. 그 전에 마쳐줘." 시작하기도 전에 벌써 끝낼 시간부터 통보한다. "그래, 알았다."

혼자서 본문을 읽어보라고 했더니 1분 만에 오늘의 본문 읽기를 마친다. 기억나는 게 있는지 물으니 아무것도 없단다.

"국어시간에 책을 읽으면 먼저 뭐부터 해야 하지?"

"주제를 파악하지."

대답은 척척이다.

"주제를 파악하려면 뭘 해야 하니?"

"몰라."

참고 타이르며 말한다.

"반복되는 단어를 찾아봐야지. 같은 뜻으로 쓰인 단어들도 찾아보고. '내 말을 받아들이고'와 '마음속 깊이 간직하여라'는 같은 뜻일까? '귀를 기울이라'와 '마음에 두라'는?"

"다 다른 뜻 아냐?"

너무도 확신에 찬 대답에 내가 되레 무안해진다. 그래도 오랜만에 근사한 질문을 하나 하긴 한다.

"아빠, 왜 아침에 묵상해야 돼?"

"사랑하는 사람을 먼저 만나고 싶니, 나중에 만나고 싶니?"

"제일 먼저지."

"그렇지! 그래서 아침에 묵상해야 하는 거야."

"그런데 귀를 기울인다는 게 무슨 뜻이야?"

"여자친구하고 있으면 몸이 자꾸 그쪽으로 기울어지지? 읽어도 남는 것이 없는 이유는 귀로 듣고 눈으로 읽어도 마음을 기울이지 않기 때문이야. 아빠가 볼 때 네가 제일 마음을 기울이는 건 노래 같아. 아침에 눈뜨자마자 노래부터 듣잖아? 웹툰도 그렇고. 화장실에서도 웹툰 보지? 마음이 항상 거기 가 있으니까. 그렇게 '마음을 둔다'는 뜻이야. 알았어?"

아들이 자기 쪽으로 몸을 기울이며 설명하는 아빠 마음을 알까? 벌써 50분이네. 더 하면 화를 내겠지? 그래, 오늘은 여기까지다. 윤서의 마음에 하나님의 말씀이 남기를 기도한다.

윤서야, 세상에서 놀아도 마음만은 절대로 세상에 주지 말아라. 마음은 오직 하나님께 두어라.

때에 맞는 묵상

아이들이 묵상에서 어려워하는 것은 '은유'다. 잠언 말씀은 특히 은유적인 표현이 많아서 어려워한다.

"여름에 눈이 오는 것과 추수 때 비가 오는 것은 무엇을 상징할까?"
"때에 맞지 않는 것."
"그래, 맞아. '미련한 자에게는 영예가 적당하지 않다'는 말은?"
"…."
"네가 공을 차는데 슛 찬스가 왔어. 그런데 헛발질을 했다면 친구들이 너에게 달려와?"
"안 오지."
"그래, 네가 골을 넣어야 친구들이 달려와서 축하해주지. 바로 그게 영예야. 골을 넣을 찬스에서 골을 넣고 축하를 받듯이 영예는 때에 맞춰서 칭찬받는 거야!"

영예가 어울리는 사람은 때에 맞게 열매를 얻는다. 윤서가 마무리 기도를 한다. "하나님, 누나는 대학 붙게 해주시고, 저는 공 찰 때 다치지 않게 해주시고, 우리 모두 행복한 하루가 되게 해주세요." 후다닥 기도를 마치고 눈뜨는 아들에게 메르스를 위해서도 기도하자고 권한다.

"하나님이 다 아실 거야."

"그러니까 기도하자, 다 아시는 분께."

"하나님, 우리나라가 메르스 공포에서 벗어나게 해주세요."

멋진 아침이다. 녀석은 벌써 문을 열고 나간다.

아들의 묵상노트

학교 가는 윤서에게 묵상했는지 물었다. '응' 대답과 함께 쌩하니 나가버린 아들의 묵상노트를 찾아서 읽었다. 노트 맨 위에 갈겨쓴 날짜가 보인다. 앞장을 펴보니 무려 7일 만의 묵상이다. 멀리뛰기 선수도 아닌 녀석이 건너뛰기에 참 능하기도 하다.

날짜 아래에는 중요 구절로 느낀 본문을 적어놓았다. "그래서 그들은 예수께, 모르겠다고 대답하였다. 그러자 예수께서 말씀하셨다. '나도 내가 무슨 권한으로 이런 일을 하는지를 너희에게 말하지 않겠다.'" 마 21:27

그리고 깨달은 내용이 한 문장으로 적혀 있다. 나도 묵상이 깊을 때는 오히려 문장이 짧아진다. 아들도 그런 걸까?

"예수님에게 말싸움 걸면 안 된다."

윽, 이걸 웃어야 할지 말아야 할지….

마지막으로 기도문이다.

"사람들이 예수님의 말씀을 듣고 변화되길 바랍니다."

이건 또 누구한테 하는 말일까? 아들아, 묵상한 네가 먼저 변화되길 바란단다.

호박죽 인생

호박죽을 끓이기 전에 미리 아이들에게 다짐을 받았다.

"무조건 먹는 거다. 알았지?"

"네."

확실한 다짐을 들은 후 최대한 실력을 발휘해서 호박죽을 끓였다.

윤서는 끝내 맛있다는 말은 하지 않고, 점심때 피자를 많이 먹었더니 배가 부르다며 간신히 한 그릇을 비웠다.

윤지는 한 숟가락 먹을 때마다 툴툴거린다.

"호박죽이잖아. 근데 죽이 왜 씹혀?"

"호박죽은 원래 그런 거야."

내일 아침 메뉴도 호박죽이라고 하니 아예 고개를 돌리고 못 들은 척이다. 아이들이 일어나고 나서 나도 앉아 호박죽 한 그릇을 먹는다. 아, 맛있다, 정말 맛있어. 만든 사람이 제일 맛있어한다. 나한테는 호박죽이 이렇게 맛있는데.

하나님도 나를 보고 좋아라 하시겠지. 맛있고 고급진 음식은 아니라도 호박죽 같은 내 인생을 보시며 좋아하고 흡족해하시겠지. 그게 내 믿음이다.

혼자 있다는 것

이른 아침에 나왔다가 오전 9시쯤 집에 돌아왔다. 거실에도 불, 큰방에도 불, 작은방에도 불, 식탁 위에도 불, 심지어 베란다에도 불이 켜져 있다. 윤지가 불을 켜둔 채 학교에 간 모양이다. 사실 막내가 불 끄는 걸 깜빡 잊어서 켜져 있는 건 아니다. 동생들 깨워서 밥 먹인 언니가 제일 먼저 학교 가고, 오빠가 다음으로 가고, 마지막으로 가야 하는 막내가 혼자 있을 때 켜둔 불이다.

나는 안다. 윤지가 혼자 있을 때 무서워서 불을 켜둔다는 것을. 혼자 있는 일은 집이라도 무섭다. 아무리 불을 켜도 아이 마음에 있는 두려움을 내쫓지 못한다.

"혼자 있을 때 무서워?" 아빠가 묻는 말에 윤지가 "응" 하고 대답한다.

"윤지야, 무서울 땐 '예수님, 평안을 주세요' 하고 기도해."

"알았어. 근데 그래도 무서워."

밝은 전등불이 있어도 두렵고, 예수님에게 평안을 빌어도 두려운 아이에게는 눈에 보이는 아빠가 있어야 두려움이 사라진다.

윤지의 묵상 나눔

윤지가 심각한 표정을 하고 밥상에 앉는다. "예수님 말씀은 순종하기에 너무 어려워." 너무 진지한 표정이기에 어떤 말씀이 그렇게 어렵냐고 되물었다. "원수를 사랑하라."

하마터면 크게 웃을 뻔했다. 애써 웃음을 밀어넣고 원수가 누구냐고 물었다. 윤지는 표정 하나 바꾸지 않고 바로 대답한다. "오빠!"

윤지의 원수는 오빠였다. 그런 윤지가 묵상을 하다가 또 묻는다. "이게 무슨 말이야? '네 원수가 주리거든 먹을 것을 주고, 그가 목말라하거든 마실 것을 주어라. 그렇게 하는 것은, 네가 그의 머리 위에다가 숯불을 쌓는 셈이 될 것이다.' 롬 12:20"

원수를 돌보고 원수의 필요를 채워주라는 말씀이다. 친구 사이에서도 밥 한 그릇, 물 한 대접 나누는 게 쉽지 않은데, 원수를 만나 그렇게 하라니, 어렵긴 어려운 말씀이다. 어린애한테도 어렵지만 어른에게는 훨씬 더 어려울 것이다.

그러나 하나님은 그렇게 하라고 명령하셨다. 먹고 마시는 일로 인간관계를 깨지 말라고 하신다. 먹고 마시는 일은 가능한 한 폭넓게 행하는 것이 좋다. 원수도 사람이다. 그를 먹이고 돌보는 행위는 하나님께

아빠는 왜
그렇게
살아?

심판을 맡기는 행동이다. 먹이는 건 우리 일이고, 심판하시는 건 하나님 일이다.

새 학기, 옛 물건

새 학기가 시작되고 학교에서 가져오라는 물건이 많다. 어제는 그림물감과 팔레트를 가져오라고 했다. 어느 집이나 그렇듯 막내는 모든 것을 물려받아 써야 한다. 언니와 오빠가 쓰던 물건들을 찾아서 세면대에서 씻었다. 물감이 묻은 팔레트와 굳은 붓을 씻으며 내 어린 시절이 생각났다. 나 역시 새것이라곤 없이, 형과 누나가 쓰던 물건들을 물려받아 썼다. 그조차도 감사했다.

새 물건만 찾는 버릇은 삶을 풍요롭게 하지 못하고 오히려 마음을 궁핍하게 만든다. 물건을 바꿀 게 아니라 낡은 마음을 닦아서 새것으로 사용해야 한다. 마음은 상하고 망가져도 버릴 수 없다. 마음은 새롭게 닦으면 이전보다 더 귀한 그릇이 된다. 마음은 닳고 낡아도 버리지 못한다. 닦고 씻어서 다시 사용하는 것이 최선이다.

바꿔야 할 것은 낡은 물건이 아니라 낡은 마음이다.

"좀 불편하게 살아"

그리스도를 따라 나도 십자가 짐을 지는 게 왜 이렇게도 어려울까. 금요기도회에 가면서 막내와 이야기를 나눴다. "윤지야, 아빠가 외할머니랑 좀 힘들다." 한순간도 지체 없이 응답이 왔다. "그럼 좀 불편하게 살아, 어색하게 살아."

어린아이의 말이지만, 듣고 보니 명언이다. 그런데 살아봐라, 그게 쉽지 않다는 게 문제란다.

"네가 할머니 집으로 갈래?"

막내한테 지금 무슨 말을 하고 있는 건지…. 영락없이 평화사절, 볼모로 가라고 협박하는 꼴이다. 초등학생 딸아이 말대로 좀 어색하게, 불편하게 살면 될 일을, 난 왜 이리도 싫어하는 걸까.

십자가가 왜 이렇게 많은가. 온 세상이 십자가다.

바둑과 인생

막내 윤지는 학교 방과후수업 때 바둑을 배운다. 처음에는 엄청난 차이로 내가 이겼지만 두 학기가 지나고 나니 이길 수가 없다. 이미 내 실력을 뛰어넘고 나를 파악해서 수싸움에서부터 나를 압도한다. 막내가 나를 이기는 것도 신기하지만, 바둑을 대하는 태도가 달라졌다는 데 정말 놀란다. 아이가 차분해졌다. 아빠가 묘기를 부려도 전혀 당황

하지 않는다. 그리고 결국에는 아빠를 이긴다. 진짜 실력으로.

바둑에 복기復棋라는 것이 있다. 바둑을 다 두고 난 뒤에 승자와 패자가 앉아서 자신이 둔 바둑을 복습하는 과정이다. 복기는 시합이 끝나자마자 곧바로 시작한다. 승자도 패자도 서로에게 묻고 답하며 배운다. 어떻게 보면 아주 끔찍한 일이기도 하다. 승리와 패배를 뒤로 미루고 상대의 질문에 성실하게 답을 주어야 한다. 철저하게 자기 감정을 다스리며 승리와 실패의 이유를 곱씹어봐야 하는 학습시간이다.

누구든지 실패를 상기하는 데는 용기가 필요하다. 자존심이 다친다. 아픔에 뼈가 저린다. 복기는 그런 점에서 잔인하다. 그러나 자존심의 상처와 아픔을 통과하는 동안 내면이 성숙하게 된다. 실패를 기억하고 그 원인과 정면으로 부딪침으로 말미암아 다시금 실수를 반복하지 않을 수 있는 것이다. 승자든 패자든 겸손하게 상대방에게 배우는 자가 인생에서 승리한다.

인생에서 복기는 틀린 것을 찾아 확인함으로써 나중의 실수를 줄일 뿐 아니라 새로운 전략을 세우고 삶을 재구성하는 힘도 준다. 그러니 인생에도 복기는 필수다.

윤지의 편지

윤지가 어버이날에 편지를 썼다. 고맙다, 딸아. 사랑한다.

'초딩' 아이가 쓴 편지가 뭐 이렇게 어른스러운지, 읽으면서 계속 웃게 된다. "요즘 날씨가 감기 걸리기 딱 좋은 날씨"라며 가장 먼저 건강을 챙긴다. 곧이어 "어린이날 아빠가 해주신 게 없지만 마음만이라도 감사"하단다. 그러면서도 다음엔 꼭 선물 좀 사달란다. 그래 윤지야, 다음이 아니라 오늘 아빠가 꼭 선물 사줄게.

 매일 새벽에 일찍 일어나서 일하는 아빠가 많이 피곤하실 거라고 염려하면서도 그런 아빠를 닮고 싶단다. 그런데 딸아, 너랑 오빠는 엄마 체질이란다. 새벽잠이 많은 너희 엄마. 유일하게 큰딸 춘녀만 새벽형 인간인 아빠를 닮았다.

 부모님 말 잘 듣고 얼굴 찡그리지 않게 해주겠고 약속한단다. 무슨 이런 엄청난 서약을! 거의 창조자 수준의 헌신을 약속한다. 윤지야, 아빠가 얼굴 찡그리는 건 아빠가 못돼서 그런 거지 네 잘못이 아니란다.

 선물은 못 드릴 수도 있으니 그 점 이해해달라니, 뭐 이렇게 절절한지…. (그런데 아빠가 주는 용돈은 어디다 홀라당 까먹었을까? 어제도 준 것 같은데….)

 편지의 끝을 엄마 아빠의 건강과 행복을 기원하면서 맺는다. 이렇게 부모를 염려하는 마음은 두려움일까, 조숙함일까.

 아이의 편지를 읽으며 새삼 아빠의 삶을 돌아본다. 내가 얼굴을 그렇게 자주 찡그렸던가. 1년 후에는 어떤 편지를 받게 될지 벌써 궁금해진다.

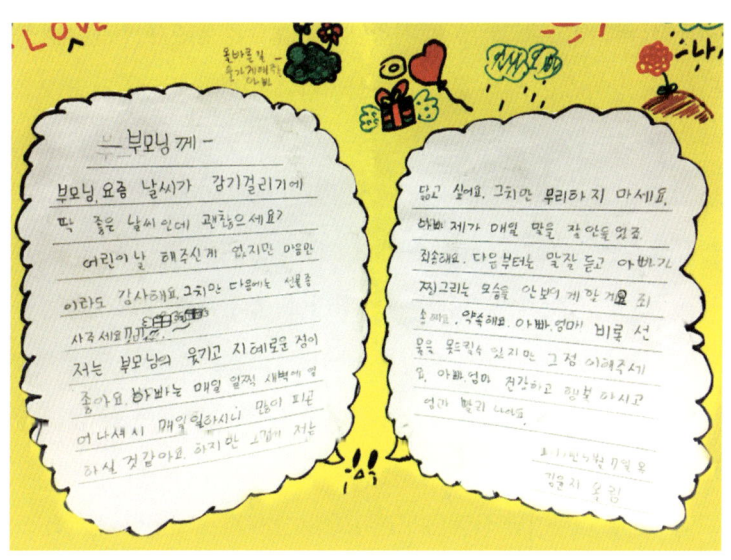

〈복면가왕〉

아이들과 〈복면가왕〉을 시청한다. 복면을 쓰고 온몸을 가린 사람이 부르는 아름다운 노래를 들으며, '저렇게 노래를 잘하는 사람이 누구지?' 궁금해한다. 그 궁금증이 시청자의 기대감을 높인다. 만일 처음부터 누군지 알고 노래를 듣는다면 분위기와 평가가 달라질지도 모를 일이다. '얼굴'을 가리고 '노래'만 드러내다가, 탈락자가 복면을 벗으면 모두들 깜짝 놀란다. 출연한 동기를 밝힐 때는 감동이 밀려온다.

우리 삶은 〈복면가왕〉과는 반대다. 기를 쓰고 잘하는 것을 드러내려 하고, 못하는 것은 악착같이 숨기려 한다. 더 심한 경우에는 잘하는 척 속이기까지 한다. 얼굴을 숨긴 채 아름다운 노래를 선사하는 복면가수와는 달리, 왼손이 하는 일을 오른손이 다 알 수 있도록 적극적으로 드러낸다.

선행은 드러나지만 사람은 드러나지 않는 사회가 아쉽다. 선행을 드러내면서 사람(정체)까지 주목받으려 하는 건 연기일 가능성이 크다. 연기하는 삶은 지독히 피곤한 삶이다. 그것은 '가면'을 쓴 삶이다. 그리스도인이 된다는 건, 복면가수의 삶을 사는 것에 가깝다.

설거지의 영성

설거지를 마치고 나면 묘한 기분이 찾아온다. 모든 게 정리되어 제자리를 찾아가는 기쁨이 있다. 이 기쁨은 기다림(음식 준비), 잔치(식사), 혼란(빈 그릇), 재정리(설거지)의 순으로 다가온다. 마치 삶이 안정에서 혼란으로, 혼란에서 재정립으로 다시 나아가는 흐름 같기도 하다.

준비 시간이 가장 길고, 잔치가 가장 짧고, 잔치 후 텅 빈 그릇이 주는 허전함도 인간의 삶을 많이 닮아 있다. 먹고 난 뒤에는 포만감도 있지만, 피로와 스트레스가 남기도 한다.

그러나 설거지를 하면 어질러진 그릇이 깨끗해지고, 다음 식사 준비에 들어갈 수 있게 된다. 그리고 또다시 무엇을 먹고 마실까 고민한다.

설거지를 끝마칠 때마다 내 삶도 말끔히 정리되기를 기도한다. 주님 오실 그날, 내가 깨끗해지고, 내 삶이 새로워지고, 혼돈이 사라지고, 영원한 질서 가운데 들어가길 바란다.

바람 같은 돈

돈은 바람 같다. 분명 강사료를 받았는데 한 푼도 남은 게 없다. 밤새 쥐가 물고 갔는지, 손에 닿았던 기억은 있는데 부는 바람처럼 어디론가 날아가버렸다. 알맹이는 모두 사라지고 하얀 겉봉투만 책상 위에 덩그러니 남아 있다.

강사료를 받기 전 분명 생각해둔 용처가 있었다. 그런데 눈앞에 벌어지는 일들을 못 본 척할 수 없어 야금야금 썼다. 바자회 미납금, 성도의 생일축하, 화분갈이, 그리고 몇만 원 남은 건 앞다퉈 손바닥을 내

밀며 "돈 갚아" 외치는 아이들에게 주었다. 아빠는 기억도 없는데 무슨 빚이 이렇게 많은 거냐? 결국 강사료를 받아 어디어디 썼다는 기록만 남았다.

바람 같은 돈이라도 자주 불어오면 좋겠다. 내 손을 스쳐가다가 어쩌다 남아 있어주면 참 좋겠다. 아니, 좀 남아 있어라, 제발. 눈에도 잘 안 띄는 돈, 손에도 잘 안 잡힌다.

바람 같은 돈이라도 오늘 하루는 좀 세게 다가왔으면 좋겠다.

삶의 무게

현재에 집중하는 삶이 삶의 맛을 낸다. 미래를 지레 두려워하는 것도 아니고, 과거에 매여 강박적으로 후회하는 것도 아니고, 현재를 보고 즐기는 것, 그것이 나를 나답게 만든다. 아플수록 현재에 집중해서 오늘을 살아야 한다.

아픔은 미래의 소망으로 견디지만, 그 소망은 오늘을 살게 하는 힘을 준다. 낫거나 회복된다는 소망이 아니라 영원한 하나님을 바라보게 하는 소망이다.

오늘에 집중하여 살다 보면 삶이 가벼워져 있다. 내가 자라고 아이들이 자라고, 삶을 살아가는 방식을 배웠기에. 몸이 오늘의 삶에 익숙해지면 삶의 무게가 가벼워진다.

잠들지 않는 죄성

인간은 자기 죄를 쉽게 깨닫지 못한다. 성숙함은 자신의 죄성을 잘 파악하는 데 있다. 그로써 주님께 가까이 갈 수 있기 때문이다.

새벽에 일어나 불을 켜려고 책상 위 스탠드의 스위치를 더듬었다. 터치를 몇 번 해도 불이 들어오지 않았다. 어둠 속에서 손을 휘저어 분명 스위치에 닿았는데도 불이 들어오지 않는다. 깜깜한 어둠 속에서 은근히 화가 치솟았다. "윤영이 이 녀석."

스탠드 코드를 뽑고 핸드폰을 충전하고는 전원을 다시 연결해두지 않았나 보다. 평상시에 자주 있었던 일이라 대번에 큰딸부터 범인으로 만들었다.

일어나서 화장실에 갔다. 현관 앞 전등은 센서가 있어서 가까이 가면 자동으로 불이 켜진다. 불이 켜진 거실을 다시 살펴보니 스탠드 전원은 그 자리에 잘 꽂혀 있었다. '아차, 내가 또 공연히 의심했구나.'

내게 불편한 일이 일어나면 먼저 누군가를 의심하고 비난하고 화를 내는 내 안의 어둠이 보였다. 내 인격 속에 숨겨진 어둠은 24시간 잠들지 않는다. 시퍼렇게 눈을 뜨고 나를 망가뜨린다. 죄에 물들어 있는 무의식의 세계도 예수님의 보혈로 깨끗이 닦여 거룩하게 되길 소망한다. 주의 보혈만이 깊은 무의식의 세계를 거룩하게 할 수 있다. 주여, 불쌍히 여기소서.

나눔의 법칙

나는 사랑의 빚쟁이다. 절대 갚을 수 없을 만큼 큰 사랑의 빚을 지고 살아간다. 내 도움에 감사하는 사람들에게도 말한다. 나 역시 도움을 받으며 살아왔다고. 내가 가진 것을 누군가에게 조금씩 나눠주고 돌보다 보면 내 살림이 버거워질 수도 있다. 그러나 그만큼 내가 받는 사랑도 점점 더 커져간다는 게 내 경험이다.

너무너무 가난했을 때 나를 도와준 선배와 친구들이 있었다. 고등학교 시절에 나를 도왔던 친구들이 아직도 날 돕는다. 대학교 선후배로 관계를 맺은 사람들이 지금도 날 돕고 후원한다.

토요일에도 사과즙 두 박스가 도착했다. 아이들이 내게 말도 하지 않고 먹었다. 다음 날 아침에야 발견하고 다음부턴 아빠에게 알리고 나서 먹으라고 나무랐다. 이런 선물을 받을 때마다 나도 누군가에게 비슷한 선물을 보내곤 한다. 이번엔 누구를 찾아갈까? 지난번에 책을 보내주겠다고 하고 잊은 목사님이 생각난다. 마침 기억났으니 오늘 실행하면 되겠다.

먹고살만 해서 나누는 사람들보다 받은 사랑을 잊지 못해서 나누는 사람들이 더 많다. 사랑받아본 사람이 사랑할 수 있다.

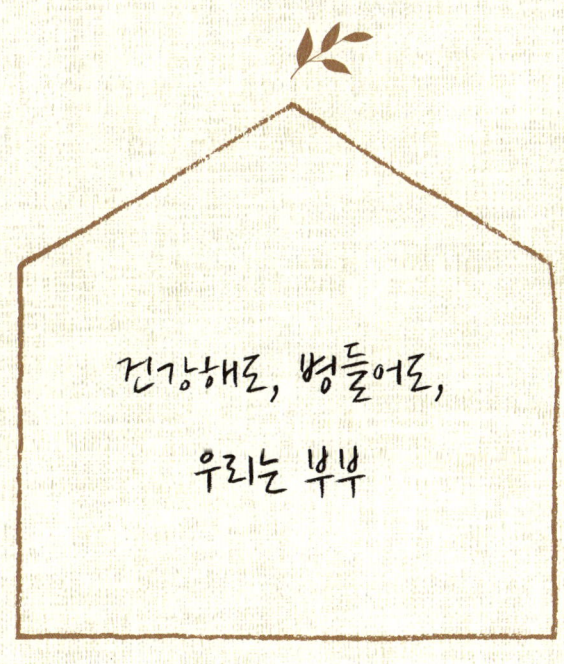

부부가 오래 살면 서로 닮아간다고 했던가.
같은 환경에서 같은 것을 먹고 같은 감정을 느끼면서 살다 보면
생김새나 분위기도 비슷해진다는 의미일 테다.
하지만 우리 부부는 꽤 오랫동안 그렇게 살지 못했다.
그래도 우리 두 사람, 이만하면 꽤 닮지 않았는가!

○

나는 영원히 서주연의 배우자다!

아내가 요양원에 간 뒤 내 삶은 한동안 편해졌다. 하지만 마음속 아내의 빈자리로 공허함이 찾아왔다. 그저 우두커니 서 있는 일이 잦았고, 주변의 요구에 대답은 하지만 결정은 미뤄지기 일쑤였다. 아내를 돌보던 시간을 채울 일들이 필요했다. 그러나 아내의 자리는 채울 수 없었다. 마음의 빈자리는 삶의 자리였다.

어느 날 요양원을 나서며 문득 한 가지 물음이 튀어나왔다. '나는 지금 의무에 충실한 것인가, 아니면 사랑에 충실한 것인가?' 의무감이 사랑보다 앞서는지, 사랑이 의무감을 넘어서는지 나는 잘 모르겠다. 전혀 예기치 못한 물음에 나의 중심을 들킨 것 같아 순간 화들짝 놀랐다. 꾸준히 정기적으로 아내를 보러 가지만, 정해진 시간을 넘어서까지 아내 곁에 머무는 일이 많지 않다. 요양원의 '방문자 의무 규정'이 고마울 때가 있다. 의무와 사랑 사이에서 흔들리는 남편을 잠시나마 자유케 하기 때문이다.

결혼한 상태였지만 나는 사실상 독신이었다. 이보다 더 고약한 처지도 없다.

세계적으로 알려진 신학자 스탠리 하우어워스가 회고록《한나의 아이》(IVP)에서 한 말이다. 지난 10년이 넘는 세월 동안, 내가 그랬다.

결혼은 했지만, 아이도 셋이나 낳았지만, 아내가 쓰러진 뒤 나의 40대는 독신처럼 지나갔다. 유혹은 도처에 있었고, 그 시간을 나는 견뎌야 했다. 한 사람을 사랑하느라 시간을 보낸 게 아니라, 삶의 무게에 짓눌린 시간이 더디게 흘러갔다. 인내는 자유를 박탈한 반면, 내적 성숙을 가져다주었다.

사람들은 오랫동안 아내를 돌봐온 나를 보며 감동한다. 하지만 정작 나 자신은 감동은커녕 마음이 무겁고 아프기 일쑤다. 그럼에도 아내의 질병으로 찾아온 아픔이 하나님의 뜻 아래서 나의 실존을 드러내주었고, 고통 속에 담긴 은혜를 만나게 했다.

> 깨어짐은 하나님의 뜻 아래 우리 뜻을 자발적으로 순복시키는 것이다.
> 깨어짐은 고통 속에 있는 은혜에도 열려 있다.(《눈뜬 자들의 영성》, 170쪽)

"여보, 당신 죽으면 나 새장가 갈까?" 아내에게 물으면 눈꺼풀을 한

번 깜빡하며 좋다고 대답한다. 곧이어 앞 질문과 반대로 물어도 또 눈꺼풀을 깜빡하고 답한다. '어느 쪽이든 당신 좋을 대로 하면 나도 좋아요'라는 얘기다. 건강할 때도 그러더니 쓰러져 누웠어도 아내는 언제나 나에게 초점을 맞추고 살아간다.

그런데 눈꺼풀로 응답하는 아내의 반응이 예전과 달라졌음을 느낀다. 반응 속도가 느려지고 강도가 약해졌다. 기나긴 시간 동안 스스로 움직이지 못하고 누워 지내고 있으니 어찌 약해지지 않겠는가. 하나둘 변화가 일어나는 아내의 몸속을 다 알 수는 없지만, 신체의 여러 영역이 노화되고 있음이 틀림없다. 집에 있을 때는 생리를 했는데, 이제는 멎었다.

삶을 살아가는 법을 배우기도 전에 결혼했고, 셋째 아이를 낳고 바르게 키우는 연습도 하기 전에 아내가 쓰러졌고, 이제는 아내 대신 세 아이를 키우며 나는 지금도 삶을 배우는 중이다. 아내가 쉽게 하던 모든 일을 나는 버겁게 감당해왔다.

아내를 요양원으로 옮긴 뒤, 삶의 우선순위에서 아내가 밀려났다. 그 자리를 아이들이 채웠다. 그러나 아내와 나 사이에는 '결혼의 언약'

이 있다. 그 튼튼한 끈이 여전히 우리를 연결시키고 묶어준다. 이 결혼의 언약이 중심을 잡게 한다. 마음이 흔들리다가도 이 언약이 나를 하나님 앞에 서게 한다. 아무리 흔들려도 변하지 않는 게 있다. 나는 서주연의 배우자다.

결혼기념일

오늘은 결혼기념일.
1995년 결혼해서
2015년이 되었다.
건강해도, 병들어도
우린 서로에게 배우자다.

결혼의 언약 1

내 심장에 새겨진 단어, 언약言約.
말言이 바뀌거나 달아나지 못하게 단단히 묶는다約는 뜻.
때로 약속을 잘 못 지키는 나 자신 때문에도,
나를 한 번도 실망시키신 적 없는 하나님의 약속 덕분에도
더욱 가슴에 아로새겨진 단어, 언약.
결혼은 하나님이 제정하신 무조건적인 언약이다.
무조건적인 언약은 무조건적 사랑으로만 지켜진다.
오늘도 달아나려는 마음 붙들어매려고 하나님 앞에 나아간다.

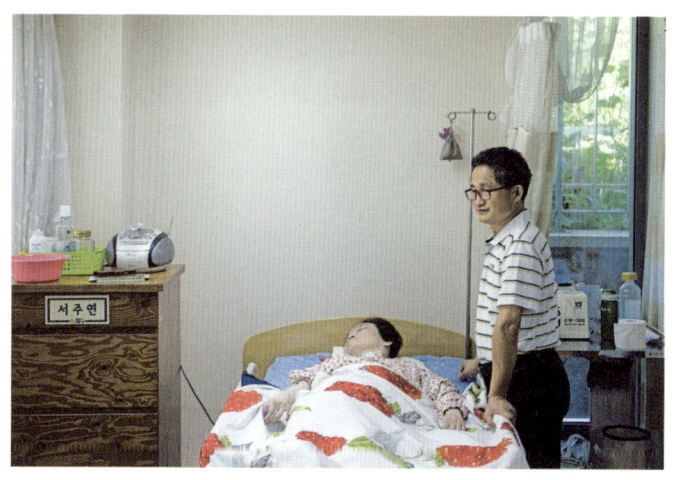

결혼의 언약 2

병상의 아내와 찍은 결혼기념일 사진을 본 페이스북 친구들의 수많은 반응에 속으로 놀랐다.

결혼기념일 한 주 전 주일 설교를 나는 이렇게 시작했다. "결혼해서 사랑으로 사는 사람이 얼마나 되겠습니까? 사랑보다는, 결혼했으니까 그냥 사는 사람이 훨씬 많습니다. 자식 때문에 살기도 하고, 마지못해서 살기도 하지요."

결혼생활에서 잊지 말아야 하고, 잃지 않아야 하는 게 뭘까? 흔히들 사랑이라고 생각하기 쉽다. 그런데 사랑보다 중요한 게 있다. 바로 결혼의 '언약'이다. 사랑하는 마음은 있다가도 없어지고, 한순간 뜨거워졌다가도 언제 그랬냐는 듯 홀연히 식어버리기도 한다.

인간의 마음은 믿을 수가 없다. 그러나 언약은 믿을 수 있다. 언약은 하나님의 마음이기 때문이다. 사랑하는 마음보다 언약이 중요하다. 비록 마음이 무너져도 다시 언약의 자리로 돌아가는 것이 결혼생활의 출발점이다. 언약으로 돌아가는 것이 먼저다.

《사랑과 행복, 그 이상의 결혼 이야기》(좋은씨앗)에서 게리 토마스는, 배우자에게 충실한 것만으로도 사회에 훌륭한 간증이 된다고 말한다. 나도 언약 위에서 사랑을 키워간다.

소통 없는 삶

처음 아내를 위한 장모님의 기도는 "눈도 뜨고, 입도 열게 해주세요"였다. 시간이 지나면서 "눈이라도 뜨든가 입이라도 열게 해주세요"로 바뀌었다.

나는 이에 동의하기 어려웠다. 둘 중 하나가 아니라 둘 다 한꺼번에 이뤄지게 해달라고 기도했다. 눈만 뜨고 말 못하는 답답함도 싫었고, 눈은 감고 말만 하는 것도 싫었다.

지금은 아무런 바람도 없다. 그런 작은 소망마저 남아 있지 않다. 소통하지 못하고 사는 것은 참 괴로운 일이다.

손이 닮았다

아내의 손바닥을 편 다음, 다 같이 손을 펴고 사진을 찍었다.

큰일이다! 큰딸 윤영이의 손이 아빠 손을 닮았다. 주름과 길이와 피부 톤까지. 하나님도 참 무심하시다. 고운 엄마의 손을 두고 무지막지한 아빠의 손을 닮게 하셨으니….

묘한 기쁨의 고통(?)이 밀려온다. 닮아서 기쁘지만, 닮은 만큼 아쉽기도 하다. 그리고 궁금해진다. 아내는 지금 어떤 마음일까?

언제든 잠시라도 짬을 내 온 가족이 모여서 손을 펴 서로 대보시라. 누가 누굴 얼마나 닮았는지 사진도 찍고 서로 확인하는 시간을 가져

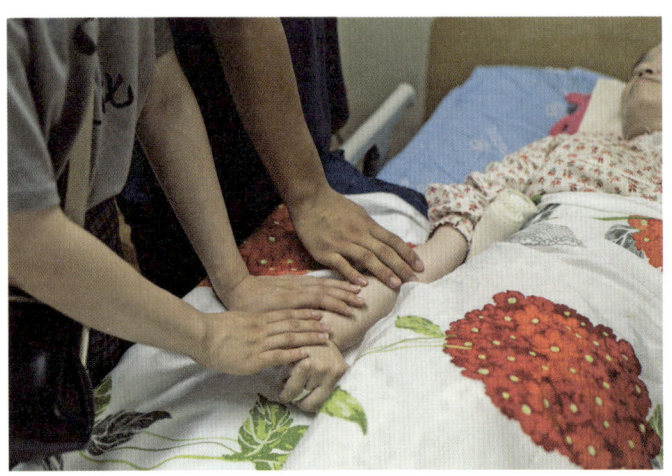

아빠는 왜
그렇게
살아?

보시라.

나처럼 '기쁨의 고통'을 느낄 이가 또 있을지도 모르겠다.

안녕, 스타렉스

아내를 태우고 다니던 차를 폐차한다. 작년 한 해 수리비만 거의 400만 원 넘게 들었다. 아내와 함께 다니기 위해 9인승 내부를 이동식 침대가 들어갈 수 있게 고쳤던 차다. 아쉽지만 어쩔 수 없는 일이다.

아내가 요양원에 들어간 뒤로 함께 외출하기가 어렵고 조심스러웠다. 전엔 몰랐는데, 차를 타고 외출하고 나면 그게 힘들었는지 꼭 몸 상태가 나빠졌던 것이다.

폐차 처리를 하고 돌아오는 길, 차는 버려도 사람은 버리지 말아야지 다짐한다. 그런 마음 한편에 요양원과 집 거리만큼 멀어져 있는 내 모습이 비친다. 함께 사는 게 최선이라던 마음을 슬그머니 내려놓은 지금, 이 선택이 최선이라고 억지를 써본다.

> 순간에 피고 지는 봄꽃 같은 인생도 있지만
> 피지도 못하고 쓰러져 영원히 사는 인생도 있다.
> 부활의 꽃으로 피어날 그 삶을 소망하며
> 오늘도 승리의 노래를 부른다. 마라나타!

아내의 생일

하루하루 숨쉬는 호흡이 삶임을 깨닫는다.
아내의 생일, 살아 있음을 축하한다.
멀리 살면서 생일이 같은 날이라고 오래전부터 케이크를 보내주는 친구도 있고, 애 안고 케이크 들고 찾아온 유민이 엄마도 있다.
그리고 나보다 먼저 아내 생일을 기억해주는 아내의 친구와 선배도 있다.
그들로 인해 살아 있음을 더욱 깨닫는다. 오늘도 감사하다.

변한 것 vs. 변하지 않은 것

아내와 연애하던 시절, 거의 언제나 아내가 나를 기다렸다. 멀리 떨어진 수련회장으로 두세 시간 걸려 찾아와서 30분 만나고 돌아가는 걸 마다하지 않던 사람이다. 내가 일하는 사무실에서 기다리며 후원 편지 접는 일을 거들기도 했다.
그런데 유일하게 내가 아내를 기다리던 장소가 바로 종로5가의 여전도회관이다. 한 선교단체가 진행하던'독수리제자훈련'에 아내가 참여하던 시기였다. 그 시간이 끝날 때까지 아내를 기다리던 내 설렘은 이제 추억으로 남아 희미해져간다.
아내를 태우고 20년 만에 여전도회관을 찾는다. 독수리제자훈련 20

주년 기념예배를 같은 장소에서 드린다. 그 자리에 나는 예배 인도자로, 아내는 졸업 동문으로 참석한다. 20년이라는 세월이 지나 우리 모습은 달라졌지만, 하나님은 여전히 우리를 같은 일로 부르신다.

사랑과 원수

아이들과 한 달간의 해외휴가를 마치고 돌아왔다. 시차적응 때문에 잠이 불규칙하다 보니 아침 8시에 눈을 떴다. 아이들 모두 학교에 늦을 뻔했다. 아내가 얼른 일어나라고 기도했나 보다. 그랬냐고 물으니 피시식 웃음을 짓는다.

눈을 뜨자마자 아내의 기저귀를 재빨리 확인하는 게 내 일이다. 기저귀가 물컹하면 소변을 본 것이다. 그런데 8시간이나 푹 자고 일어나는 동안 소변을 누지 않았다. "당신, 나를 위해서 참은 거야?" 내 물음에 감은 눈을 질끈 깜박인다. 간병을 도와주시는 권사님이 오셔야 쉬를 할 모양이다. 물론 항상 이렇지는 않다.

사람은 자신이 편할 때, 자신에게 유리할 때 더 사랑을 느낀다. 자신에게 불편할 때도 사랑을 느끼며 섬길 수 있어야 예수님을 닮는 것이다. 우리는 사랑받지 못해도 사랑하는 자가 되라고 부르심 받았다. 공연히 원수조차 사랑하라고 말씀하셨을까. 원수라면 미워하는 게 자연스러운 우리에게 말이다.

주변에는 사랑할 사람도 원수처럼 여기는 경우가 적지 않다. '웬수'

같은 남편, '웬수' 같은 자식, '웬수' 같은 인생…. 원수를 사랑하라는 말씀은 이 경우에도 적용된다. 성격과 기질이 달라도, 힘겨워도 '웬수' 처럼 여기고 살아서는 사방이 원수로 둘러싸일지도 모른다.

원수를 사랑하라는 말씀은 사랑하면 원수가 없어진다는 뜻이기도 하다. 내가 사랑하지 않아서 '웬수'에 둘러싸여 사는 것이다. 곁에 '웬수'가 많다는 건, 내 사랑이 그만큼 적다는 뜻이다.

아내 돌보기

간병인으로 도와주시는 권사님이 교회 수련회를 가셨다. 그래서 아내를 3일 동안 집중해서 돌봐야 했다. 하필 그 기간 날씨가 참 무더웠다. 입시 준비로 바쁜 큰딸은 일찍 학교를 갔고, 막내는 아직 방학을 하지 않아서, 둘째 윤서가 아빠 일을 분담했다.

첫째 날은 선풍기 청소, 둘째 날은 빨래, 셋째 날은 오전 성경공부 인도하러 가는 아빠 대신 엄마 곁을 지켰다. 식사도 챙기고, 선풍기도 켜주면서.

이제 넷째 날, 간병인이 오신다. 아내는 우리가 돌보는 동안 쉬를 잘 하지 않았다. 아무래도 참고 있는 게 분명하다.

선풍기를 켜도 땀이 줄줄 흐르는 한여름, 땀이 많은 아내는 죽부인을 좋아한다. 옆으로 누인 다음 죽부인을 대주고 선풍기를 틀면 등에 땀이 차지 않는다.

그렇게 아내를 돌보는 중에 말을 많이 하지는 않는다. 맡은 일, 해야 할 일은 일사천리로 뚝딱 해버리지만, 관계에서는 누군가로부터 요구가 있을 때 반응하는 스타일이다. 대화에서는 더 그런 편이라서, 말 없는(못하는) 아내를 돌볼 때는 별로 할 말이 없다. 결혼 20년이 넘었어도 이 모양이니 언제쯤 바뀌려나….

아픔은 아픔, 기쁨은 기쁨

아내가 쓰러진 지 10년을 꽉 채우는 날이다. 10년이 지나면 질병도 익숙해지고 견뎌온 날들 때문에 기쁨도 커야 하는데, 성령 충만하지 못해서인지 여전히 해방의 날을 기다리는 마음이 더 크다.

아픔은 언제나 아픔이지 기쁨이 되지 못한다. 아무리 해석을 멋지게 붙이려 해봐도, 나름대로 삶의 의미를 부여해봐도, 고난을 감정적으로 기뻐하기 어렵다.

그런데 주님은 고난당할수록 기뻐하라고 하신다. 욕을 당할 때 기뻐하라고 하신다. 그리스도의 고난에 참여하는 기쁨으로 아픔과 고통과 상실을 이겨내라는 뜻이리라. 고난당할 때 누리는 기쁨은 주어지는 것이지 만드는 것이 아니다. 성령님이 부어주시는 기쁨은 상황이 아니라 진리 자체에서 온다.

"오히려 너희가 그리스도의 고난에 참여하는 것으로 즐거워하라. 이는 그의 영광을 나타내실 때에 너희로 즐거워하고 기뻐하게 하려함이라." 벧전 4:13 지금까지 누린 기쁨보다 더 큰 기쁨이 예비돼 있으니 사모하지 않을 수 있으랴. 그럼에도 지금 겪는 어려움에서 벗어나고픈 마음이 너무 간절하다.

바람이 분다

아침식사를 마치고 아내의 기저귀를 갈다가 아내 얼굴을 손으로 톡 쳤다. 불쑥 감정이 올라와서다. 지친다. 아내의 체위를 바꾸기 위해 밤마다 서너 번은 일어나야 한다. 요즘은 이상하게 새벽 1시에 눈이 떠진다. 그리고 다시 자면 3시쯤 또 깨야 한다. 다시 아내 체위를 바꿔주고 기저귀를 확인한다. 매일 반복이다.

오늘 새벽은 어둠 속에서 기저귀 검사하는 대신 아내 손부터 잡았다. 무릎을 꿇었다. 간절히 기도했다. "하나님 아버지, 이것이 아버지를 존귀하게 하는 일이라면 제 마음에 기쁨을 주시고 불평하지 않고 아내를 간호하게 해주세요."

아내는 내가 감당할 십자가라는 확신이 들었다. 요양원에는 보내지 않겠다며 의지를 다시 다졌다. 그러나 한 시간도 지나지 않아 지친 마음을 본다. 당뇨가 왔다는 의사의 진단을 듣고 마음이 불편해진 탓일까. 원망이 아내에게로 쏠렸다. 잠을 못 자서, 잠이 불규칙해서, 선잠을 잔 것도 영향을 미쳤을 거라는 의사의 말에 더.

이제 아내를 요양원으로 보내야 할 때가 된 것일까. 아이들에게 물

으면 첫째나 둘째는 언제나 아빠 마음대로 하라고 한다. 하지만 막내는 아직 아니란다. 막내는 밤마다 나란히 누워서 내가 들려주는 재미난 얘기를 들으면서 잠이 든다. 병상의 아내도 웃다 잠든다. 이 재미난 삶을 버리고 싶지 않다.

그런데 새벽에 결심하고 아침에 후회하는 나는 도대체 누구일까. 성령의 사람이 되면 이런 고통에서 벗어나는 건가. 온갖 질문이 마음속에서 인다. 버거운 삶, 잘 견디다가도 한순간 바람이 분다. 맺고 싶은 열망의 꽃들이 바람에 후두둑 떨어지는 소리가 들린다. 살랑이는 봄바람에도 마음이 무너진다.

일보다 사람이 먼저

아내의 요양원 입원 하루 뒤, 준비 물품들을 챙겨가니 다짜고짜 환자의 상태부터 얘기한다. 이건 이래서 문제고, 저건 저런 문제를 낳을 것 같고, 이 물건은 이래서 안 되고…. 그들이 하는 얘기는 대부분 맞다. 그럴 수 있다. 그럼에도 조금만 가족의 마음을 헤아리는 여유를 기대하는 건 무리한 욕심일까.

'어젯밤에 환자가 잘 주무시더라고요. 낯선 입원실에서 맞는 첫날 밤이라서 염려했는데 비교적 잘 주무셨어요. 보호자께서는 어떠셨나요? 오랫동안 곁에 두고 보살피시던 환자분이 없어서 허전하셨을 텐데요….' 이런 말을 건넬 정도의 여유를 기대하는 건 무리일까.

하루가 지나자마자 아직 일어나지도 않은 문제부터 나열한다면, 나도 10년 넘은 간병인 경험에서 나오는 노하우를 다 쏟아놓을 수 있다. 환자의 마음, 보호자의 마음을 먼저 헤아려주는 이들이 그립다. 전문적인 지식 이전에 사람의 마음을 헤아리는 사람들이 그립다. 일보다 사람을 먼저 보는 마음이 그립다.

간병이든 세상살이든 어디 한 가지 방식만 있으랴. 다른 사람이 녹록지 않게 살아온 삶을 존중할 줄 아는 이들을 만나고 싶다.

웃음 이후…

요양원에 있던 아내를 한 달 만에 집으로 태워왔다. 내일은 같이 교회에 갈 예정이다. 아이들은 엄마 옆에서 옹기종기 앉아 수다를 떤다. 막내를 놀리는 오빠의 장난에 웃음이 그치지 않는다. 서로 귀지도 파주고, 만화도 읽고, 아무 얘기나 나오는 대로 조잘거린다.

내일 주일을 앞두고 이 밤부터 안식이 시작되었다. 오늘 하루 종일 빗속에서 여기저기 뛰어다니던 일들이 아득히 멀게 느껴진다. 아내 곁에는 웃음소리가 끊이지 않는다.

문득 밤에 내리는 가을비가 포근하게 느껴진다. 임재범의 노래 〈너를 위해〉가 흘러나온다. "그건 아마도 전쟁 같은 사랑…"이라는 가사에 가슴이 울컥한다.

위기 속에 찾은 은혜

오랜만에 집에 온 아내가 제대로 응가를 한다. 하룻밤에 거하게 세 번이나. 설교 준비하려고 일찍 일어났다가 세 번이나 연이은 배변 처리에 마음이 쪼그라든다. 간만에 맡아보는 향기가 방 안 가득하다.

토요일 밤에 가장 높은 설교 준비 집중도를 보이는 나로서는 설교를 앞둔 부담감에 슬슬 분노가 올라온다. 중환자 기저귀는 아기용 기저귀처럼 쉽게 교체하지 못한다. 대변을 처리하고 물로 닦아주고 뽀송뽀송 말리고 새 기저귀를 갈아주는 데 30분은 족히 필요하다.

이럴 때일수록 차분하게 그분의 은혜를 구한다. 이 위기를 어떻게 넘길까 생각한다. 경험상 내가 부족해서 벌벌 떨 때 하나님은 새로운 통찰력을 주신다. 본문 전달에 필요한 아이디어를 주신다.

준비 부족을 느낄수록 더욱 본문 중심으로 들어간다. 물론 준비가 부족하면 자꾸만 본문의 배경이나 상황을 '설명'하려 든다. 배경 설명보다는 중심 개념을 이해시키고 통찰력을 나누는 것이 더 좋다.

내일 설교 본문은 아내를 누이라고 속여 수치를 당했던 아브라함이 우물을 빼앗은 아비멜렉을 혼내는 내용이다. 아비멜렉이 아브라함에게 언약을 맺자고 사정한다. 아브라함의 처지가 수치에서 너그러움으로 옮겨간다. 이방 왕으로부터 인정받는 삶, 이는 하나님이 함께하시는 삶의 특징이다. 자기주장이 아니라 제3자로부터 하나님이 함께하심을 인정받는 삶이 믿음의 조상 아브라함의 삶이었다. 이런 삶이 수치를 이긴다. 드디어 분주함 속에서 은혜를 찾았다!

익숙해져야 할 것

아내는 대학에서 특수교육을 전공하고 장애인 조기교육실에서 장애아를 섬기는 교사로 일했다. 지금은 손가락 하나 꼼짝하지 못하는 장애인이 되었다. 그런 아내로 인해 나는 천천히 배웠다. 장애인과 함께 사는 법을.

장애인과 함께 사는 것은 되도록 피하고 싶은 일일지 모른다. 두려움과 불편함, 어색함을 느끼기 때문이다. 한순간은 웃으며 견딜 수 있지만 장애인을 돌보는 일이 자기 일상이 되어야 한다면 두렵지 않을 수 없다. 사소한 행동도 매순간 주저하게 된다. 휠체어에 태운 아내와 함께 엘리베이터에 오르면 사람들의 놀라는 기색과 쭈뼛거림 때문에 내가 움찔할 정도다. 무의식적으로 뒷걸음질 치는 이들도 있다. 익숙하지 않은 것이다.

우리 사회는 장애인과 함께 사는 일에 더 많이 익숙해져야 한다. 천천히 함께 가는 법을 익혀야 한다. 문제는 이 사회가 너무 경쟁적이라는 것이다. 경쟁조차 할 수 없는 장애인들과 살려면 경쟁을 버려야 한다. 경쟁을 포기하면 패배자나 낙오자가 될 거라는 두려움으로 가득한 사회에서 장애인과 더불어 살아가기란 참 멀고도 힘든 일이다.

예기치 못한 응답

오늘 심방은 출산을 앞둔 신혼 가정, 50대 집사님 가정, 사업하시는 가정이 예정되어 있다. 교통이 혼잡하지 않아, 예상과 달리 신혼집에 너무 일찍 도착했다. 외출 중인 부부를 기다리는데 주차장 주변에 건축자재가 흩어져 있었다. 1미터 길이의 각목 하나를 슬쩍 챙겼다. 교회 스피커 케이스를 만들 욕심에.

자재를 더 살펴보는 중에 주인인 듯한 분이 내려오셨다.

"나무가 필요하세요?"

"아… 네, 안녕하세요. 제가 목산데요. 교회 스피커를 담을 케이스를 만들려는데 마침 목재가 보여서요."

"아, 그래요? 그럼 필요한 만큼 가져가세요."

이런 횡재가! 연신 감사 인사를 드리니 그분도 가까운 교회에 다닌다고 하신다. 반가운 마음에 짧게 나를 소개하면서 아내 사진을 보여드렸더니, 이분이 놀라시면서 당신 핸드폰을 꺼내 사진을 하나 보여주신다. 3년 전에 쓰러진 여동생인데, 쉰다섯 살에 뇌경색으로 쓰러져 지금은 요양원에 있다는 것이다.

서로 급속도로 유대감이 일면서 온갖 얘기를 나누었다. 제자훈련 받으신 간증도 듣고, 신이 나서 대화를 이어갔다.

"목사님, 참 대단하시네요. 필요하시면 여기 나무 다 가져가세요."

동병상련의 아픔만으로도 사람은 쉽게 유대감을 느낀다. 가까워지면 무엇이든 나누고 싶어 한다. 주고 싶어 한다. 아침묵상 중에 '목재가 필요한데 어디서 구하나' 생각했는데, 이렇게 채워주시다니! 하나님은 때때로 이런 예기치 못한 즐거움과 은혜를 주신다.

좋은 소식

아내의 학교 선배가 문자를 보내왔다. "좋은 소식 있으면 알려주세요." 학교 때부터 지금까지 아내와 늘 좋은 관계를 맺어온 믿음의 선배다. 나도 아내 덕에 친하게 지내온 터라 장난스럽게 답을 보냈다. 정말 좋은 소식 있다고. "2천 년 전에 예수님이 태어났어요! 22년 전에 저 서주연과 결혼했어요!" 금방 답장이 왔다. "헐~!"

그래, 내게도 좋은 소식 하나쯤 생기면 좋겠다. 아내가 병상에서 일어나고, 책이 100만 부 넘게 팔려서 대박 나고, 윤영이가 대학에 한 방에 붙고…. 아니, 아니지! 이미 오래된 얘기지만 가장 좋은 소식이 있다. 예수님이 이 땅에 오셨다는 소식이다. 우리는 이미 오신 그분을 알고 이제는 다시 오실 그분을 기다리며 산다.

'좋은 소식'Good News은 오직 하나다. 예수님이 이 땅에 오셨다! 하나님도 인간의 몸으로 사셨으니, 처음부터 몸으로 태어난 우리는 더더욱 몸으로 살아야 한다. 몸을 가진 인간이 하나님이 되려고 하면 안 된다.

천국의 달리기

여러 교회에서 말씀을 전하기도 하고, '저자와의 만남'도 여러 번 가졌지만, 이런 사랑은 처음 받았다. 한 장의 편지가, 한마디의 말이 나를 울린다. 고단함과 힘겨움을 날려보내고 흩어진 마음을 새롭게 한다.

> 세상에서 가장 행복한 친구에게. 얼굴도 이름도 모르는 친구지만 오늘부터 내 친구로 정했어요. 새로 사귄 친구에게 예쁜 옷과 화려한 구두를 선물하고 싶었어요. 마음에 쏙 드는 걸로 사서 (마음으로라도) 신으세요. 이 세상 끝난 후 내가 선물한 신발 신고 나랑 함께 천국에서 달리기 시합 한번 합시다….

아내의 옷과 신발을 사러 저녁에 큰딸과 함께 백화점에 갈 예정이다. 화려한 구두를 사올 생각이다.

아내 주연이는 단거리 달리기를 잘했다. 오리엉덩이를 들고 달리면 순간 속도가 아주 빨랐다. 30미터까지는 나를 앞설 정도였다. 이제 천국을 향한 소망 하나를 더 얻었다. 아내는 여기서보다 천국에서 더 잘 달릴 것이다.

고맙습니다, 사랑합니다.

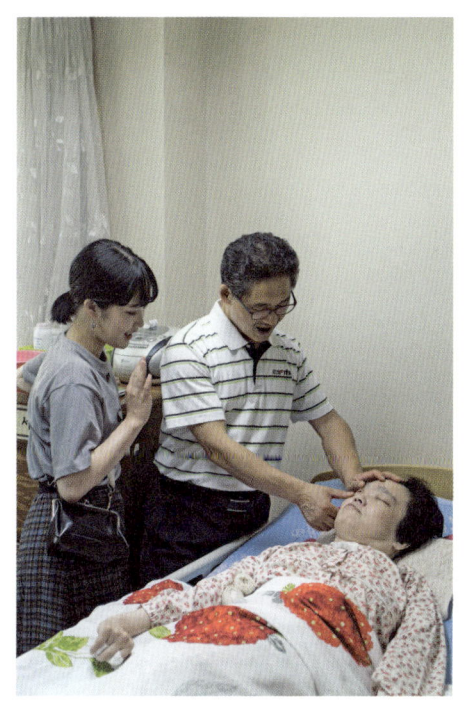

소중한 것들

아파봐야 아는
소중한 것들이 있다.
생명,
우정,
노래,
그리고 지금 여기.

오늘 울면 내일 웃고

　말씀을 전하러 간 교회에서 아내의 교회 선배를 만났다. 21년 전에 만났던 분. 하나님의 깜짝 선물이었다. 그 만남 이후 보내주신 한 장의 사진. 21년 전 우리보다 6개월 먼저 결혼한 그 선배에게 부케를 받는 아내의 사진이었다.
　삶의 시간을 돌릴 수 있다 한들 지금까지 살아온 삶의 아름다움이 있기에 굳이 돌아가고 싶지는 않다. 행복도 내 삶이고 불행도 내 삶이다. 내 삶을 행복과 불행으로 구분하지 않고 "나 된 것이 주의 은혜"라는 말씀처럼 바람 따라 불어오는 은혜 속에 살아가련다. 삶에는 쓸쓸함도 있고 충만함도 있지만, 그 모든 것이 내 삶의 일부 아니겠는가.
　두 다리로 서서, 환한 표정으로 두 팔 벌려 부케를 받는 여자도 내 아내고, 다리 잃고 누워 손가락 하나 꼼짝 못하고 누워 있는 여자도 내 아내다. 그렇게 인생을 살아간다! 가다 보면 끝이 나고, 살다 보면 살아지는 삶이더라. 오늘 울면 내일 웃는 게 삶이더라.

은혜로 살아왔으면서!

아내의 수술에 들어간 엄청난 수술비, 간병으로 매달 나가는 돈, 매일 먹어야 하는 환자용 유동식流動食과 소독에 쓰이는 소소한 물품들. 10년 동안 들어간 금액을 대충만 추산해보아도 수억이다. 아픈 아내에게 들어간 돈이 수백 명분의 한 달 임금을 넘어선다. 고맙고 감사한 마음에 절로 눈물이 난다.

돌아보니 내 삶에서 재정은 언제나 광야의 만나 같았다. 겨우 먹고 살 정도의 형편인데, 아픈 한 사람을 돌보라고 이렇게 엄청난 재정을 공급해주신 것이다. 그런데도 방금 감사했던 일은 금방 잊고, 이제껏 살아왔으면서도 또 살 수 없을 것 같아 걱정이다. 배고픈 이웃에게 내가 가진 것을 주라고 하실까 봐 겁부터 난다.

'병년아, 네게 떡이 몇 개가 있니?'

'제 떡이요? 전세뿐인데요.'

은행 빚 갚고, 동생 빚 갚고 나면 기껏 몇천만 원 남을까. 나이 오십에, 다섯 식구에, 서울에 살면서…. 생각이 여기에 미치자 지금껏 살아온 은혜보다 문득 앞으로의 삶이 두려워져, 내가 가장 불쌍한 사람이라고 하소연하며 내 작은 것부터 움켜쥔다. 지금까지도 부족하지 않게 공급해주시는 은혜로 살아왔으면서!

아픔의 잔상

건강검진을 마쳤다. 검진과목 중에 내시경이 있었다. 아내가 늘 환자용 식사튜브를 달고 있었기에 나 역시 수면이 아닌 일반 내시경을 받기로 했다. 시간은 총 3분 정도.

30초쯤은 아주 태연하게 반응하다 40초를 넘어가면서 손에 힘을 주고 침대 손잡이를 잡고 몸을 비틀기 시작한다. 결국 토악질을 하는 듯한 신음소리가 터져나오더니 눈물까지 쏟아진다.

다 됐다는 의사의 말을 들으면서도 한동안 헛구역질과 호흡곤란을 느껴야 했다. 길게 끙 소리를 내며 참고 참았다. 드디어 마쳤다. 속이 후련하다. 그러면서 아내 생각이 났다. '당신도 이렇게 힘들었겠구나. 매달 코를 통해 식사튜브를 교체할 때마다 얼마나 힘들고 아팠을까. 그런데 신음소리조차 낼 수 없었던 당신의 고통을 난 거의 체감하지 못했던 거였구나…'

3분의 고통만으로도 하루이틀 입안이 얼얼했는데 늘 식사튜브를 끼고 살면서 아내는 어떻게 견뎠을까. 손과 발, 몸을 움직일 수 없는 아내의 마비된 신경이 내 무신경의 평계가 되었는지도 모르겠다. 마비가 가려버린 아내의 무표정과 침묵이 환자를 돌보면서도 환자의 아픔에 예민하지 못한 나의 변명거리가 되었는지도 모른다.

고통조차 표현 못하는 아내의 얼굴을 바라보며 아픔의 잔상이 떠오른다. 서러운 눈물이 쏟아진다.

투표할 권리

대통령선거일에 아내와 함께 투표하러 간 적이 있다. 추운 겨울에 두꺼운 방한복을 칭칭 감고 아내를 이동침대에 뉘고 투표소에 들어서던 기억이 생생하다. 당시 아내는 의사표시가 불가능한 장애인이라는 이유로 투표가 허락되지 않았다.

이번엔 국회의원선거일을 앞두고 미리 동사무소로 찾아가 선거관리위원장을 만났다.

"제 아내는 사지가 마비된 사람입니다. 스스로 보지도, 먹지도, 움직이지도 못합니다. 그러나 말을 듣고 눈을 깜박여서 자기 의사를 표시합니다. 아내에게 말로 설명하면 눈 깜박임으로 대답합니다. 투표도 그렇게 해서 자기 의사를 밝힐 수 있습니다."

아내가 주권자로서 자기 의사를 표시할 능력이 있다고 설명하자, 선거관리위원장도 아내의 투표에 동의했다. 얼마나 기쁘던지!

드디어 아내와 함께 투표하러 갈 수 있게 되었다. 윤지도 함께 가는 아름다운 봄나들이가 될 것이다. 요양원에서 투표소로, 투표소에서 다시 요양원으로 이동하는 모든 시간이 거룩한 시간이 될 것이다. 자기

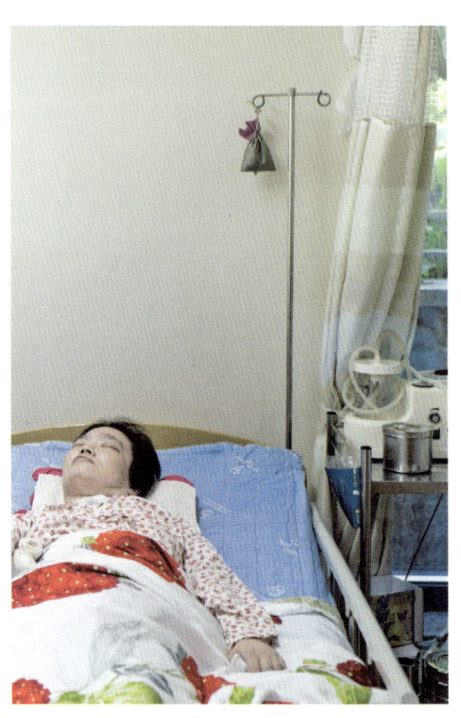

아빠는 왜
그렇게
살아?

신분을 기억하고 권리를 행사하는 날이기 때문이다. 국민의 당연한 권리 행사를 국가가 보장하는 날이기 때문이다.

아내의 소중한 한 표

드디어 아내도 투표했다!

투표소 지원단의 도움을 받아 참관인이 보는 앞에서 아내에게 물었다. "여보, 국회의원 후보가 3명인데, 번호와 이름을 순서대로 불러줄 테니까 당신이 투표할 후보를 부를 때 눈을 깜박거려요."

그러고 나서 순서대로 번호와 이름을 불러주었다. "기호 1번 ○○○, 기호 2번 ○○○…."

번호와 이름을 부르고 아내의 반응을 기다린다. 자기가 지지하는 후보의 번호와 이름을 부르자, 아내는 확실하게 눈을 깜박인다. 다시 한 번 물어보니 틀림이 없다. 나와 지지 후보가 같다. 역시 부부는 하나다!

국회의원 투표는 쉬웠다. 문제는 다음 순서인 지지 정당 투표였다. 투표용지에 있는 정당이 무려 21개다. 이걸 언제 다 불러주나 난감하지만 도리가 없다. 1번부터 천천히 당명을 불러주었다. 다행히 정당 이름을 몇 개 부르지 않아 아내의 의사표시가 격하게 나왔다.

고마워, 여보. 일찍 답해줘서.

10만 원짜리 투표

아내는 쓰러져 누운 뒤로 세 번의 선거를 치렀다. 한 번은 부재자 투표를 하고, 다른 두 번은 투표소에 직접 가서 투표했다. 다가오는 선거에도 '거소자 투표'를 신청하지 않았다. 당연히 투표소로 가면 된다고 생각했다.

사전투표일, 동사무소 2층에 마련된 투표소 책임자를 찾았다. 아내의 사정을 설명하고 투표를 허용해달라고 했다. 한사코 안 된다는 대답이었다. 그런 사람들을 위해 '거소자 투표' 제도가 있다는 것이다.

"집에서 투표해도 제 아내는 자기 의사를 눈 깜박임으로 표시하는 게 전부입니다. 그 의사표시에 따라 기표는 제가 대신 하는 거고요. 그러니까 투표소에 직접 나와서 아내의 의사표시에 따라 제가 대신 기표하는 방식으로 투표할 수 있게 해주십시오."

절대 안 된단다. 사전투표라서 일단은 물러섰다. 그러나 포기하는 게 아니다. 다시 찾아가서 재차 설득하고 반드시 투표소에 가서 아내의 투표권을 행사할 작정이다.

사실 아내가 투표소에 가서 투표하는 데는 여러 번거로움이 따른다. 투표소까지 가기 위해서는 앰뷸런스를 불러야 한다. 그 비용이 10만 원이다. 그래도 포기할 생각이 없다. 아내가 직접 투표소까지 나와서 행사하는 한 표는 10만 원, 아니 그 이상의 값어치가 있는, 투자가치가 충분한 소중한 한 표다.

상호긴장의 실체

오전에 아내를 요양원에서 집으로 데려와 튜브를 교체하고 다시 요양원에 입원시키라고 한다. 이 문제 때문에 요양원 담당 간호사와 거의 40분 넘게 이야기를 하게 됐다. 요양원 간호사들의 고충이 여간만 하지 않다는 것은 늘 보고 익히 알고 있다. 그래도 처음 대화를 시작할 때는 약간 긴장이 흘렀다.

아내 같은 환자들은 작은 기온 변화에도 신체 변화를 일으킨다. 혹시나 불미스러운 일이 일어난다면 그 책임을 져야 하는 것은 간호사들의 몫이다. 그런데 요양원 안에서는 원칙적으로 의료행위를 금지한다. 식사튜브 교체도 의료행위다. 환자 가족으로서는 힘에 부치는 규정이다.

간호사들은 규정을 엄격하게 적용하려 하고 환자 가족들은 조금이라도 가족에게 유리한 방향으로 적용하려 애쓴다. 실상 규정을 엄격하게 적용하려는 의지 뒤에는 유사시 책임을 져야 한다는 두려움이 크다. 혹시나 의료행위를 하다가 사고가 발생하면 본인들이 책임을 져야 하는데, 환자 가족의 편의를 봐주다가 오히려 어려움을 겪게 된다는 것이다.

설사 의료사고가 일어나도 책임을 묻지 않겠다고 다짐을 드렸다. 간호사들이 아내를 헌신적으로 돌보는 줄 믿기에, 그분들이 두려움 없이 간호에 집중할 수 있도록 책임을 묻지 않겠다고 각서를 쓴 것이다. 엄격한 성실함 뒤에 놓인 두려움의 실체를 보니, 간호사들을 기능인이 아닌 인간으로 볼 수 있었다.

두려움은 실체가 드러나면 사라진다. 두려움은 숨어 있을 때만 가장 큰 적이다. 숨어 있을 때만 자신만만하다. 일단 드러나면 순식간에 이슬처럼 사라지고, 알아보지 못할 만큼 와해된다.

언제나 그 자리에

지방에서 말씀을 전하고 새벽기차를 타고 귀경하는 길, 옛 추억이 서글프게 다가온다. 완행기차를 타고 집으로 돌아가던 대학시절, 차창 사이로 들어오는 바람을 맞으며 졸음을 쫓던 그 시절이.

지금은 추억의 완행열차로 불리지만, 돈이 없는 가난한 청년은 그 야간열차밖에 탈 수가 없었다. 피곤함을 지우고 집으로 들어서면 이제 오냐며 웃으시던 엄마의 얼굴. 가난함도 타지살이의 설움도 잊게 해준 엄마의 웃는 얼굴!

가을을 지나 겨울로 향하는 새벽기차 안에서 문득 엄마가 그리워 차창에 얼굴을 부빈다. 아무리 추워도 엄마가 있는 집에만 가면 언제나 풍요로웠다. 밥에서는 모락모락 김이 나고 막 쪄낸 고구마는 뜨거웠다. 아버지는 언제나 술에 찌들어 있었지만.

새벽기차에서 끄집어낸 추억 끝에 서울로 돌아와 모처럼 전화를 드렸다. "야야(애야), 잘 있나?" 하며 건네는 인사는 30년 전 그대로다. 나를 반기는 엄마의 말이 내게 사랑을 가르친다. 언제나 그 자리에 그 모습 그대로 있는 게 사랑이다. 삶이 시들어가도 추억은 언제나 새롭다.

그리워서 수화기 너머로 불러본 엄마. 오늘도 어머니는 내게 해야 할 일을 가르쳐준다. 머물러 있으라고, 사랑하라고, 기다리라고, 늘 그 자리에 서 있으라고.

고향 생각, 엄마 생각

한여름을 실감하며 선풍기를 꺼내 벽에 단다. 에어컨 바람보다는 선풍기 바람이 좋고, 선풍기보다는 자연의 바람이 좋다. 에어컨은 한두 시간 만에 머리가 아프고, 선풍기 바람에 목감기가 걸리기도 하지만, 자연의 바람은 불수록 좋다.

덥더라도 에어컨도, 선풍기도 없던 어린 시절이 그립다. 쥘부채나노 있으면 그만이지만 없더라도 더위를 나던 그 시절이 그립다. 등목하고 나서 슬슬 부채질을 하면 몸에 부러울 게 없었다.

시원한 우물가에서 등목하던 어린 시절. 밭에서 돌아온 엄마 등에도 찬물을 끼얹어드렸지. 지금은 후덥지근한 더위도 잘 못 느끼시는 쭈그렁 피부지만 그 옛날 탱탱하던 엄마 등을 밀어주던 때가 그립다.

이제는 에어컨 냉방이 보편화된 시대가 되었지만 엄마 등에 찬물 끼얹고 등 밀던 추억은 여전히 그대로다. 사람의 흔적을 지워가며 기술이 진화해도 그리움은 남는다.

아빠는 왜
그렇게
살아?

바쁜 하루

하루 일정을 돌아보며 놀란다. 막내 학교 보내고, 은행 업무 처리하고, 동사무소 들러 서류 발급받고, 건강검진 받고, 치과 가서 치료하고, 신생아 출산 가정 심방하고, 수원에 있는 교회 기도회에서 말씀 전하고, 장례 가정 조문하고, 교회 청년 만나 국수를 먹고 집에 돌아왔다.

분명 하루 일정인데 이틀치 분량을 움직이며 살았다. 장하다.

살아갈수록

이 아픔은 언제쯤 끝날까? 참 지루하다. 천국의 기쁨? 잘 모르겠다. 하루하루 산다. 아침에 일어나면 절로 한숨이 나온다. 아픈 이들에게 일상의 무게는 너무 크고 무겁다. 아프고 아프니 더욱 아프지 아니한가.

어제도 한 가정으로부터 '수술 불가'라는 암울한 소식을 들었다. 어린아이들이 "기도해도 하나님이 안 들어주시잖아!" 했단다. 하기야 우리가 언제 기도응답으로 살았나, 자비로 살았지. 아프다고 인생 다 망하나, 생명과 사랑을 배우는 거지.

아내가 쓰러져 누운 뒤 아내와의 성적인 즐거움이 사라지고, 이제 당뇨 경고를 받고 먹는 즐거움마저 절제해야 하는 형편이고 보니, 마치 거세당한 인생같이 느껴진다. 노화가 즐거움이 소멸되는 것이라면, 이를 받아들이는 게 삶의 지혜일 텐데, 이게 참 반갑지 않다.

그래서 '살아갈수록 주님뿐'이라는 고백은 모든 즐거움에서 멀어진 노화 인생이 진정 삶에 눈떴을 때나 할 수 있는 말일 것이다. 나는 아직 멀었다.

말과 속사람

몇 년 전 일이다. 아픈 아내 간병으로 살림이 빠듯한 내 형편을 잘 알 만한 전도사님이 천만 원을 빌려달라고 부탁했다. 오죽하면 나한테 부탁을 하나 싶어 어렵게 마련해드렸다. 아는 분이라 너무 쉽게 생각했을까. 몇 년째 감감무소식이다. 항상 "하나님 뜻"을 입에 달고 살던 분이었는데.

최근 그분과 돈 문제로 얽힌 부부가 찾아와 진술서를 부탁했다. 그 전도사님에게 9천만 원이나 사기당한 분들이었다. 정황을 들어보니 나와 비슷했다. 그분은 "하나님께 영광을 돌리기 위한 일"이라는 말을 여러 차례 했다고 한다.

그러나 하나님은 우리가 드리는 재물로 영광받지 않으신다. "나는 네 재물 때문에 너를 책망하지는 아니하리니 네 번제가 항상 내 앞에 있음이로다." 시 50:8

우리가 아무것도 드릴 필요가 없을 만큼 하나님은 이미 전부 갖고 계신다. 세상에 있는 모든 것이 다 하나님의 것이다. 우리가 적게 드린다고 책망하시지 않는다. 하나님을 영화롭게 하는 것은 드리는 재물이 아니라 순종하는 삶에 있다.

하나님의 심판을 기억하는 자는 반드시 자기 삶을 제물로 삼는다. 공의로운 심판을 기억하지 못하는 자는 말로 속이고, 비방하고, 협박을 일삼는다. 하나님은 말이 아니라 삶을 받으신다. 참된 감사는 삶의 순종이다. 참된 예배는 삶의 거룩이다.

예수의 이름

"하나님이 말씀으로 천지를 창조하셨다"는 〈소요리문답〉 제9문을 공부하다가 물었다. "아침에 솟는 해를 보고 이제 그만 멈추어라 하고 명령하면, 과연 해가 멈출까요?"

우리 주변에는 특정 성경구절에 자신의 바람을 담아 함부로 "예수의 이름으로 명한다"고 하는 이들이 있다.

아무 데나, 아무 때나 예수의 이름을 붙이지 말아야 한다. 예수의 이름을 언급하고 모든 개인적인 소망을 집어넣는다고 능력이 나타나는 것이 아니다. 말의 능력은 말하는 이의 속성에서 나온다.

그래서 하나님은 말씀을 이용하는 사람보다 말씀에 순종하는 사람을 좋아하신다. 하나님의 능력 있는 말씀을 내가 써먹는다고 되는 게 아니다. 오히려 그 말씀에 순종하는 것이 능력이다. 예수의 이름을 함부로 남용하기보다 그분의 말씀에 겸손히 순종하는 하루를 살아가는 게 중요한 이유다.

낫지 않아도 믿음

한때 "예수님이 우리 모든 질병을 대신 지셨습니다" 하고 외치는 설교에 소리 높여 "아멘" 화답하던 적이 있었다. "그가 채찍에 맞음으로 우리가 나음을 입었도다"라는 말씀에 "아멘" 하는 이들의 애절함을 같이 경험하던 시기였다.

이런 아멘은 거짓이다. 사실이 아니다. 바울 사도는 "그리스도의 남은 고난을 채우노라"고 했다. 그리스도의 대속의 죽음은 우리 삶에서 고난을 없앤 게 아니라, 형벌로서 하나님의 진노를 없앴다. 단번에, 영원히.

질병과 고통 같은 인생의 고난은 모든 인간이 공통되게 겪는 것이다. 특히 증인으로 살아가야 하는 그리스도인에게 고난의 삶은 여전하다. 인간의 죄를 대속하시는 그리스도의 죽음은 현재의 삶에서 고난을 제거하지 않고 오히려 고난 속으로 우리를 부르신다. 고난 중에도 온전한 나라를 소망하며 현재의 어려움을 참고 견디라고 하신다.

그렇다. 지금 낫지 않아도 믿음이다. 그분이 다시 오시는 날, 모두 온전케 될 것이다!

'언약'을 믿기에

나는 '언약'(계약)이라는 단어를 좋아한다. 그 이유로는 약속을 잘 지키지 못하는 성격 탓도 있다. 또한 무엇보다 하나님의 약속이 나를 성도로 빚어간다. 하나님은 언제나 당신을 실망시키는 나를 한 번도 실망시키신 적이 없다. 그런 점에서도 언약(계약)은 너무 좋은 단어다.

하나님이 제정하신 언약(계약)에 성도 됨과 결혼이 있다. 성도 됨은 무조건적인 언약이다. 결혼 또한 무조건적인 언약이다. 무조건적인 언약은 무조건적인 사랑으로만 유지된다. 그래서 오늘도 나는 늘 달아나는 마음을 다잡아 다시 그분 앞으로, 아내 앞으로 나아간다. 나는 비록 신실하지 못할지라도 언약의 힘을 믿기 때문이다.

개구멍은 없다

이른 아침에 암환자 심방을 마치고 다음 일정을 위해 이동했다. 눈앞에 세미나가 있는 학교 건물이 보이기에, 애초에 걷던 길을 포기하고 아파트 사이로 난 길로 접어들었다. 아파트와 학교 사이에 반드시 개구멍이 있으리라 생각한 것이다.

빨리 갈 줄 알았는데 점점 길이 꼬인다. 아래로 내려가는 표시를 따라가다가 마음은 더욱 급해진다. 결국 담벼락에 길이 막혔다.

담벼락만 있는 게 아니라 철조망까지 철통같이 감아놓았다. 아파트 단지와 학교 건물은 완전히 구분되어 있었다. 주위를 빙빙 돌다가 담벼락 위로 올라갔다. 가시가 있는 철조망을 지그시 밟고 담장 아래로 뛰어내릴 요량이었다. 덜컥 겁이 났다. 예전 같으면 홍길동처럼 획 하고 날았을 텐데, 나이가 든 지금은 시도도 해보지 못하고 슬그머니 내려왔다. 내려왔던 길을 따라 제자리로 돌아와서 열나게 뛰어갔지만 지각이었다.

장모님이 만들어주신 따뜻한 누비옷이 찢어졌다. 개구멍을 찾다가 옷까지 상했다. 나이가 들수록 정도 正道를 찾아야 하는데 꼼수를 찾다 된통 당한 꼴이다. 갈수록 세상이 정도보다는 개구멍을 찾고 개구멍을 통해 목적을 이루려는 꼼수와 불법이 더욱 판을 치는 듯하다. 그러다 크게 당할 날이 온다. 개구멍은 없다.

걷기와 인생

이른 새벽, 은퇴하신 선배 목사님을 따라 산에 올랐다. 선배 목사님이 막대기를 찾아서 내게 주시고 앞서가신다. 어두운 길을 앞서가시니 나는 편하다. 앞에서 걷는 대로 따라가니 편하고 좋다.

등반을 시작할 때는 꼭대기를 바라본다. 걸을 때는 한 걸음씩 앞만 보고 간다. 그렇게 한 시간 남짓 산을 타고 오르니 어느새 정상이다. 한 걸음 한 걸음 걷다 보니 꼭대기다.

출발할 때 멀리 보지 못하면 곁길로 헤맨다. 조금씩 곁길로 빠지다

보면 전혀 엉뚱한 곳에 도착할 수도 있다. 거기서 다시 길을 찾아 나설 수 있겠지만, 출발할 때 정한 곳에 도착하는 게 우선이다. 넘어져도 그 길에서 넘어지고, 숨이 가빠 헉헉대도 그 길 위에서 쉬어야 한다.

시작할 때는 멀리 바라보고 걸을 때는 한 발 앞만 보는 것이 지혜다. 한 발씩만 보고 걸으면 처음 마음먹은 그곳에 도착하게 되어 있다.

넘어지는 이유

올라가는 길은 힘들어서 한 걸음씩만 걷게 된다. 그런데 내려올 때는 쉽다고 걸음이 빨라지고 심지어 두서너 걸음 뛰어넘기도 한다. 그래서 올라갈 때보다 내려올 때 더 많이 넘어진다. 힘들 때는 넘어지지 않는데 한결 쉬울 때 더 잘 넘어진다. 쉽다고 빨리 걷다가 넘어진다.

내려오는 것이 쉬워도 오히려 힘을 절제할 필요가 있다. 넘어지지 않으려면 빨리 걷는 걸음을 다스려야 한다. 힘들 때 안 넘어지다가 쉬울 때 넘어지는 인생은 절제력을 훈련하지 못해서 그렇다.

메마른 광야를 지날 때

"목사님도 이런 외로움 겪어봤어요?"

아픔이 진하게 느껴지는 질문을 받는다. 당연히 아니라고 대답한다.

각 사람이 겪는 고통은 저마다 특별한 것이다. 어느 누구도 다른 이가 겪는 고통을 똑같이 겪을 수는 없다. 비슷한 일로 아픔을 겪는다 하더라도 고통의 강도는 저마다 다르게 받아들이기 때문이다.

나는 내가 겪는 고통을 있는 그대로 나눌 뿐 남의 고통을 잘 이해하는 사람은 아니다. 내가 겪는 고통보다 더한 고통을 겪는 사람들이 얼마나 많은가. 그들의 고통을 내가 어찌 다 헤아릴 수 있으랴.

내가 아는 건, 고통이 우리를 움츠리게 하고 안으로만 자꾸 파고들게 하는 시간이 지나야 비로소 혼란을 떨쳐내면서 조금씩 소망을 발견하는 시간이 찾아온다는 사실이다. "내게로부터 눈을 들어 / 주를 보기 시작할 때 … 모든 시선을 주님께 드리고 / 살아 계신 하나님을 느낄 때…." 찬양가사처럼 그분을 느낄 때가 온다. 그러나 그 전에는 모든 시간이 거칠고 메마른 광야의 시간일 뿐이다.

"하나님을 못 느낀 지 너무나 오래됐어요."

힘겹게 질문을 꺼낸 청년이 한마디를 더 보탠다. 그게 정상이다. 비정상처럼 보이는 삶을 정상인 듯 살아야 하는 이 메마른 시간은 생각보다 오래간다. 이 메마른 광야의 시간 속에서 시선은 십자가를 향한다. 앞으로 이루어질 회복의 미래가 아니라 이미 그리스도 안에서 이루어진 하나님의 성취를 바라본다. 이미 이루신 그분을 바라보며 살아갈 때 하루하루를 견디며 지낼 수 있다.

'나도 외로워, 친구야. 그래도 너, 진짜 잘 살고 있는 거야!'

다드림교회… 다 드리기가 어디 말처럼 쉬운가.
어쩌면 '드린다'는 말부터 잘못된 표현인지도 모른다.
본래 내 것이 아니었던 것을, 본래 그분의 것이었던 것을
그분께 그저 돌려드리는 것일 뿐.
내 앞에 놓인 삶을 성실하게 감당하면서,
그 영광을 돌려드리는 것일 뿐.

○

교회가 사랑해야 할 십자가로의 초대

'병년아, 너는 누구보다 교회를 사랑한다.'

13년여 전, 교회를 개척할지 말지 부부가 합심기도하며 물었을 때 하나님으로부터 받은 첫 번째 응답이다. 화들짝 놀라 '주님, 저는 선교 나갈 건데요' 하고 답했다. 그러나 하나님은 나를 집요하게 설득하셨다. '너는 누구보다 교회를 사랑하고 있다.'

나도 지지 않고 따지듯이 물었다. '대체 그 증거가 뭔데요?' 하고 묻자, '네가 누구보다 주일을 신실하게 지켰잖니' 하고 답하셨다. 나는 어이가 없었다. '그런 거라면 누구라도 교회를 개척하겠네요.' 버틸 수 있을 때까지 버텼지만, 교회 개척은 예상외로 순조롭게 이루어졌다.

교회를 개척하기 전 몇 가지 기도를 드렸다. '지하 말고 지상에서 교회를 시작하게 해주세요, 싱글들보다 가정을 주세요, 그동안 젊은이들을 섬기느라 밥을 굶기도 했지만 이젠 밥 굶기 싫어요….' 준비된 재정은 없었음에도 기도한 바대로 교회를 지상 2, 3층을 임대해 시작했다. 모든 게 기도대로 착착 진행되고 있었다.

인생의 비밀스러움을 누가 알까? 교회 개척 4개월 만에 아내가 쓰러졌다. 나는 물론이고 성도들이 필사적으로 기도에 매달렸다. 그러나 아내는 깨어나지도, 예전의 건강한 모습으로 돌아오지도 않았다. 매주일 아내를 태우고 교회에 가면 엘리베이터도 없는 건물 3층의 교회로 성도들이 아내를 들어올렸다. 성도들의 도움이 없이는 아내가 움직일 수 없었다. 예배가 끝나면 성도들이 아내의 침상 주변으로 몰려왔다. 약한 자를 중심으로 모이는 곳에는 긴장이 없다. 사귐의 중심에 아내가 있었다. 아내 덕분에 교회가 하나로 뭉쳤다.

교회는 언제나 연약함 가운데 세워졌다. 그 연약함은 다름 아닌 십자가다. 아내의 질병으로 인해 목사인 내 삶은 헝클어졌다. 그러나 하나님은 목사의 연약함을 받아주는 성도들을 통해 교회 세우는 법을 깨닫게 하셨다. 모든 일에 적극적이고, 주도적이고, 비전 중심으로 내달리는 나를 하나님은 멈춰 서게 하셨다. 나의 삶은 멈추게 하신 대신, 성도들의 삶은 능동적으로 바꾸셨다. 아울러 교회는 일을 많이 하는 교회가 아니라 함께 일하는 법을 아는 교회로 바꾸셨다.

목자가 머물러 있어야 교회가 든든히 선다. 하나님은 멈추지 못하는 나를 향해 성도들 곁에 머물러 있으라고 삶의 속도와 비전, 그리고 야망을 천천히 조정하셨다. 목회에 잦은 실수가 있었음에도 장로님들과 집사님들, 여러 동역자들을 통해 나의 부족함을 메워주셨다. 언젠가 교회를 사임하려 했을 때, "목사님, 우리도 참을 테니 목사님도 참으세요"라며 나를 붙잡아주었다. 나를 찌르기도 하고 보듬기도 하는 그 모든 것이 교회를 향한 성도들의 사랑이었다.

아픔은 내가 전하는 메시지를 바꾸었다. 그리스도를 따르는 자들에게 상실은 지극히 당연한 일이다. 그러나 거짓 복음은 질병과 그로 인한 괴로움에서 벗어나는 데 집착하게 만든다. 그것은 또한 교회를 병들게 한다. 사람들은 대체로 아픔을 수용하기보다 거부한다. 그래서 눈앞에 닥쳐온 침체와 좌절을 극복해보려 열심을 내지만, 극복에 성공하기보다는 그저 견뎌야 하는 경우가 다반사다. 오랜 아픔을 겪으면서 비로소, 고통 없는 삶을 약속하는 성공의 복음은 허구라고 담대히 외칠 수 있었다.

고통을 품고 사는 시간이 길어지고 있다. 인생의 웅덩이와 늪을 피하지 않고 따라 걸어왔다. 바로 거기서 임마누엘 하나님을 만나기 시작했다. 내 울음을 따라 우는 성도들이 늘어났다. 그들은 질병의 고통보다 심판의 진노가 더 두렵다는 사실을 발견하기 시작했다. 그리하여 아픔이 그리스도의 고난으로, 십자가로 우리를 초대했다. 교회가 사랑해야 할 십자가로.

그리스도께 매달린 교회

나를 돌아보는 것은 내가 한 일을 회상하는 것이 아니라 나와 같은 부족한 삶을 통해 자신을 드러내신 하나님을 발견하는 시간이다. 인생은 내 맘대로가 아니고 하나님 마음대로다! 오늘 처음으로 이것을 깨달았다. 아내가 건강했으면 내 맘대로 살았을까? 아니다. 건강해도 아파도 인생은 다 하나님 마음대로 살아진다.

내 마음대로 못 산 데 대한 억울함이 없는 것은 아니지만 내 마음대로 살아도 후회는 남는다. 억울함과 후회는 결국 내 맘대로 하지 못했다는 데서 나오는 감정이다. 순종하는 삶에는 후회와 억울함이 없다. 인생, 내 마음대로 못 산다고 후회하고 억울해하는 마음은 여전히 자신을 주인으로 삼고 싶은 불순종에서 나온다.

인생이 하나님 마음대로 된다는 것을 받아들이는 것이 지난 10년의 삶이었다. 순종을 배우기까지 참 오래 걸렸다. 순종을 배우는 데 쓴 시간은 허비한 듯 보여도 하나님을 알고 나를 아는 데 꼭 필요한 시간이었다. 10년 동안 내 삶의 주인이 되신 하나님께 무한 감사를 드린다.

10년 시간을 돌아보는 것은 아프고 고통스러운 일이다. 아내가 아파서 겪은 아픔이야 많이 무뎌졌지만, 어떤 기초 위에 교회를 세웠는지 살펴볼수록 마음이 아프다. 두렵다. 어떤 이유로 이 길을 나섰는가 물을수록 두려움이 밀려온다. 내 삶과 사역의 기초가 너무 미약한 데서 오는 불안감과 심판에 대한 두려움이다.

교회가 세상에 줄 수 있는 유일한 생명은 세상에 임할 진노를 벗은

자들만이 누린다. 그러나 나는 10년 동안 세상에 임할 진노보다 세상의 부요함에 대해 선포했다. 심판의 두려움보다 공급하심의 풍성함이 설교의 주제였다.

하나님의 진노를 알면서 그것을 강조하지 않는 설교자는 생명을 향해 달려가지 않고, 오히려 세상의 부요함에 길을 잃는다. 세상에 대한 부정 없이 출발한 부요함은 너무나 가까이에서 교회를 삼키려 한다. 세상을 긍정하는 교회는 그리스도의 생명을 중심에 두는 대신, 그리스도인의 삶을 중심에 두고 어떤 삶을 살아야 하는지 주목한다. 가족을 버리고 생명을 추구하는 경험을 가진 교회는 세상을 등진다. 이런 교회는 세상으로부터 비아냥거리는 소리를 듣는다.

그러나 세상의 비아냥거림을 들어보지 못한 교회는 그리스도께 매달리지 않는다. 생명도 없고 생명책도 없는 교회가 탄생할 여지가 많다. 그리스도를 따르는 자들에게 상실은 지극히 당연한 것임에도 불구하고, 거짓 복음은 질병의 괴로움에서 나를 헤매게 했다. 아픔을 수용하지 못하고 거부하는 성공 신학은 현재의 침체를 극복해보려고 열심을 내지만 항상 고통 없는 삶을 약속했다. 그 허구가 나를 괴롭혔다.

그러나 일정한 시간이 지나고 고통을 품기 시작하자 성도들의 삶에 '묻어버릴 수도, 덮어버릴 수도 없는 늪'이 존재한다는 것을 받아들이고 오히려 그 늪을 따라 걷기 시작했다. 질병의 진노보다 심판의 진노가 더 두려운 것을 실감하기 시작했다. 성공의 복음을 벗고서야 말이다.

교회가 세속성에 무릎 꿇는 일은 한순간에 일어나지 않는다. 교회가 세속화되면 고난을 싫어하고, 고통을 멀리하며, 가난한 자들을 거부한다. 물론 이런 행태는 다 외적인 모습일 뿐이다. 실제 세속성이 일어나는 근원은 외부에 있지 않고 마음에 있다. 정결하거나 청결하지 못한 마음에서 세속화는 일어난다. 고난을 싫어하는 마음, 회피하고 싶은 마음에서 그리스도를 따르는 삶은 멀어진다.

고통을 겪고 받아들여도 보상에 대한 기대를 버리지 못한다. 지금, 당장, 여기서 보상받고 싶은 마음이 간절해진다. 아내의 질병은 부부의 친밀함을 파괴했다. 맛보지 못하는 즐거움에 대한 욕구가 여기서 누리라고 내게 속살거렸다. 세속성의 중심은 언제나 지금 여기로 우리의 시선을 돌린다. 지금 여기서 하나님의 임재를 보며 좁은 길로 나아가는 것이 아니라, 지금 여기서 내 욕구를 충족하려고 애를 쓴다. 세속성과 하나님의 임재의 차이는 욕구충족 아니면 욕구거부로 나타난다.

나도 이런 세속성 앞에 무릎을 꿇고 혼란을 겪었으며 결국에는 하나님의 심판을 두려워하며 다시 제자리로 돌아오곤 했다. 내 행동에 대한 수치심을 가득 안고 죄짐을 지고서 돌아오지만, 결국은 하나님의 사랑 안에서 용서받아 다시 일어섰다.

소명

세 아이가 학교 간 뒤 남은 설거지부터 시작해서 방청소까지 끝내고 화장실 변기에 앉는다. 집에 아무도 없으면 나는 화장실 문을 열어놓고 변기에 앉는다. 열린 문 사이로 아이들이 쓰고 내팽개친 수건이 눈에 들어온다. 청소를 하면서 미처 처리하지 못한 것이다.

친구 목사가 "목회는 하나님에 대한 끝없는 소망과 인간에 대한 한없는 절망이 만나는 곳에서 시작된다"는 말을, 소설가 이외수 선생의 "사랑은 내 마음이 걸레가 되는 것"이라는 말과 함께 메시지로 보내왔다. 소명의 자리에는 때로 환멸이 있기 마련이다. 그러나 자신이 걸레가 되기를 마다하고서는 맡겨진 소명을 감당할 방법이 없다.

장석주 시인은 "시인은 불행을 피하는 대신 정면으로 감싸안고 그것을 시의 질료로 삼는 존재"라고 했다. 몸을 깨끗이 닦는 데 쓰이다 해지면 나중엔 거실바닥을 닦는 걸레가 되고 마침내는 버려지는 수건처럼, 나도 목사로서 내 고통을 질료 삼아 남의 눈물을 닦아주고 버려지는 쓸모 있는 걸레가 되어야겠다.

스스로 작성한 목사사명서를 읽는다. 소망과 절망, 사랑과 걸레, 불행과 질료, 수건과 몸… 목사는 성도와 시대의 눈물을 닦아주고 버려지는 존재다.

몸 따로, 마음 따로

새해 첫날 교회로 갔다. 고장난 잠금장치를 다시 부착하고, 어수선해진 공간을 정리하고, 이곳저곳을 휘휘 둘러본다. 둘러보다 또 자잘한 것들을 손보고 정리한다. 책 두 권이 담긴 가방은 열어보지도 않고,

성경을 펴볼 생각은 하지도 않는다. 교회 문을 나서서 집으로 돌아오는 길에 문득 허전한 마음이 묻는다. '나는 안 만나고 그냥 가니?'

몸은 교회에 가 있어도 마음은 딴 데 있는 나를 본다. 일로 하나님을 기쁘시게 할 사람은 아무도 없다. 하나님을 기뻐하는 사람이 하나님의 일을 잘 감당한다. 주님과 사귀러 갔다가 일만 하고 돌아온다.

'나는 안 만나고 가니?' 뒤통수가 가려워 늦은 밤 주님 앞에 다시 나아간다.

교회와 은사

교회를 세우는 데는 여러 은사가 필요하다. 가르치는 일, 상담, 능력 행함, 병 고침, 구제, 방언 등 온갖 은사자들이 필요하다. 한 사람이 많은 은사를 받은 것처럼 보여도 한 사람에게 모든 은사를 주시지는 않는다. 구한다고 다 얻을 수는 없다. 복수의 은사를 받은 사람도 자신이 가진 은사를 모두 사용할 수는 없다. 시간이나 건강, 교회 상황이나 여건 등 여러 요소로부터 제약을 받기 때문이다.

설령 나보다 많은 은사를 가진 사람이 있어 그 일을 더 잘할 수 있다 해도, 하나님은 부족해 보이는 단 하나뿐인 내 은사를 사용하신다.

은사를 가진 이의 최대 위험은 은사와 본성 사이의 갈등에 있다. 전자는 남을 섬기는 게 속성이지만, 후자는 무슨 일이든 자신을 중심에 두려고 한다. 남을 섬기려는 마음이 자기중심성에 굴복하면 남을 조종

아빠는 왜
그렇게
살아?

하려는 마음으로 변한다.

사랑도 은사라는 말을 기억해야 하는 이유가 여기에 있다. 사랑은 우리 모두가 소망해야 하고 가져야 할 은사다. 어떤 공동체에든 필요한 은사다. 사랑은 누구든, 언제든, 어디서든 절실히 구해야 할 은사다.

망가져도 좋다

교회를 개척한 뒤로 꾸준히 목공일을 해왔다. 모두 교회 내부 공사나 사무용 비품 등과 관련된 일이다. 최근 오랜만에 목공일을 했다. 문이 없던 서랍장에 문을 달았다. 6개월 전에 생각했던 일을 미루다 드디어 끝냈다. 사람들은 이 사소한 일에 왜 그렇게 많은 시간이 드는지 모를 것이다. 손에 익지 않은 일을 하려니 시간이 얼마나 걸릴지 가늠하기 어렵다. 무엇을 어떻게 만들지 요리조리 궁리하고 거기에 필요한 도구들을 준비하는 데도 이래저래 적잖은 시간이 소요된다.

일을 하다가 실수를 저지를 때도 있다. 특히 시간을 많이 들여야 하는 것은 톱질과 못질이다. 이게 잘못되면 전체 구조를 망친다. 아무리 신중을 기해도 전문가가 아닌 탓에 실수가 나온다.

애초에 의도하지 않은 결과물이 되었지만, 망가져도 좋다. 내가 만든 것이니. 구석구석 내 손길이 닿은 것이라 예뻐 보인다. 문득 하나님도 이렇게 생각하실까, 망가진 나도 이렇게 좋다고 생각하실까, 질문이 떠오른다.

서랍장이야 잘만 마감하면 완성이라도 하지 인간에게 완성이 있을까? 사는 동안은 없을 것 같다. 그날이 올 때까지 인간은 회복과 망가짐을 반복하며 살아간다. 그렇기에 망가진 나를 좋아하는 그분이 좋다. 완성의 날을 기다리며 오늘도 미완성의 일상을 살아간다.

재활용 교회

교회 본당 뒷벽을 공사 중이다. 같이 일하는 50대 집사님은 하나님이 보내주신 천사다. 전기를 제외한 어떤 공사든지 가능하다.

이번 공사는 돈 한 푼 들이지 않는 재활용 100퍼센트에 도전했다. 폐기물도 없어야 한다. 전에 사용한 재료를 그대로 분리해서 재결합하고, 문과 창틀 등 더 필요한 재료는 신축 중인 다른 공사현장에서 얻어왔다. 오늘내일 마무리하면 아늑함이 묻어나는, 기도하고픈 본당이 될 것 같다.

새벽기도를 마치고 나오면서 '하나님, 저희가 드리는 선물이에요' 짧은 고백을 드렸다.

재활용으로 지혜를 배운다. 사람은 새것을 좋아하고, 낡은 것은 버리고 싶어 한다. 한 번 쓴 것은 다시 쓰고 싶어 하지 않는다. 뜯어낸 건축자재를 다시 사용하자면, 많은 생각을 거듭해야 한다. 어떤 용도로 사용할지 생각해야 하고, 그 용도에 맞게 재료를 손수 다듬는 수고를 해야 한다.

망가진 것을 보수해서 재활용하는 일은 아주 어렵다. 그러나 하나님은 망가진 인간을 끝까지 버리지 않고 친히 고쳐서 사용하신다. 망가진 우리를 재활용하신다. 아니, 새롭게 창조하신다.

기초가 최우선이다

2주째 교회 내부 공사를 진행하고 있다. 하루하루 달라지는 공간을 볼 때마다 만족감이 밀려온다. 철거하는 건물에서 나온 문틀과 문짝, 붙박이장을 교회 내부에 재활용했다. 하나님은 기막히게 자재를 공급하는 은혜를 베푸신다. "목사님이 직접 하시냐?" 묻는 이들이 있는데, 못할 이유나 하지 말아야 할 이유가 있을까 싶다.

나무를 자르고 붙이며 사람에 대해 생각한다. 정확한 길이와 너비가 필요한 나무에 톱질을 잘못하면 아까운 목재를 버려야 하는 경우가 생긴다. 톱날의 안쪽과 바깥쪽 위치까지 계산하는 정확성이 필요하다. 나무는 잘라내야 쓰임새에 맞춰지는 반면, 사람은 여럿이 붙을수록 도모하는 일이 수월해진다.

교회 내부 리모델링을 하기 전 집을 그릴 때는 지붕을 먼저 그린 다음, 기둥을 그리고 마지막에 창문을 그렸다. 그런데 일을 직접 해본 지금은 기초가 가장 먼저고, 그 다음 기둥과 상판 순으로 그려나간다. 아무리 어려워도 기초부터 시작해야 한다.

목회도 마찬가지다. 하나님의 순리를 따르고 기다려야 한다. 과정에 충실한 사람들은 기초에 충실한 사람들이다. 기초부터 잘 쌓아올려야 튼실한 구조물이 완성된다.

나는 마르다

나는 마르다다! 교회에 출근하면 본당을 휘둘러보고 할 일을 먼저 생각한다. 십자가를 만들어야지, 쓰레기통을 만들어야지, 무대를 만들어야지, 책장을 정리해야지… 머릿속이 분주하다. 교회에 필요한 것이 많아서 그렇기도 하고, 내가 좋아하는 일이기 때문이기도 하다. 교회를 개척하는 일은 분주함의 지름길이다. 특히 담임은 더하다!

마르다는 예수님께 음식을 대접해야 한다는 강박과 체면으로 분주했다. 분주함은 체면 때문이다. 마르다가 대접해야 할 무리는 예수님만이 아니다. 70제자가 함께 간 것은 아닐까. 물론 예수님이 밥을 달라고 한 게 아니다. 마르다가 대접하는 체면을 위해 초대한 것이다. 그 체면이 분주함을 가져왔다. 체면을 구겨야 분주함에서 벗어난다.

분주함은 쉽게 원망으로 변한다. 마르다는 자신을 돕지 않는 동생과, 그런 동생을 나무라지 않는 예수님을 원망한다. 기꺼이 자원한 일인데 분주해지자 동생과 자신을 비교하고 예수님을 탓한다.

결국 마르다는 음식을 준비하다가 마음을 일에 빼앗겼다. 예수님보다 일을 더 원했다. 마리아는 가장 좋은 것을 택했다. 주님의 말씀을 듣는 게 사랑이다. 주님을 대접하는 좋은 일로 근심하는 대신, 고요한 마음으로 말씀을 듣는 게 최상의 선택이다.

나는 성경책 옆에 읽을거리를 쌓아두고 걱정만 한다. 묵상하고 기도하는 대신, 묵상하기 위해서 책을 보다가 묵상이 흐트러진다. 글을 쓰다가 묵상이 얄팍해진다. 인터넷에 글을 올리다가 결국 성경을 놓친다. 이래저래 나는 분주한 마르다!

어쩌면 우리 모두가 마르다인지도 모르겠다. 세상일로 분주하고 염려하고 근심하고 비교한다. 듣는 마음 그 한 가지를 위해서 체면도 구기고 비교와 원망도 버리고 하나님 말씀만 듣자. 귀 기울여 듣는 것이 사랑이다.

사람 세우기

당회와 협의를 거쳐 내년에 일할 사람들을 세우는 준비작업을 마쳤다. 그리고 나서 집사님들과 권사님들에게 하루 종일 신나게 전화를 돌렸다.

사람을 세우다 보면 체력이 약한 사람들이 있다. 약한 사람들을 배려하는 것은 어떤 은사보다 중요하다. 그게 공동체다. 하지만 그럼에도 스스로 감당해보겠다는 굳은 의지를 보면 내 눈에는 짠한 눈물이 고이고 교회에는 은혜가 고인다.

그동안 너무 열심히 해서 쉬어야 하는 이가 있고, 새롭게 세워야 하는 이도 있다. 혼자서 할 수 없는 일이 하나님 나라 일이다. 다 같이 조금씩 감당하는 것이 좋다. '잘 알겠다'는 응답이 주는 기쁨도 있고 '이번에는 어렵겠다'는 거절이 주는 은혜도 있다. 어떤 대답에도 평안이 가득하다. 세우기도 하고 쉬게도 함으로써 교회는 교회대로, 성도는 성도대로 서로 든든해져간다.

응답과 거절 모두 은혜로 들리는 이유는 공동체적 사랑과 우정 때문이다. 서로를 아는 사랑과 우정이 조직에 필요한 은사를 드러내게도 하고, 자유함이 있는 휴식을 누리게도 한다. 사람을 세우며 교회를 세워가려는 마음이 더한층 솟아난다!

교회 개척

세상이 부요해 보여도 가난한 사람이 많은 것처럼, 수천만 원 사례를 받는 사역자들이 있지만 대다수 목회자나 선교사는 생계에 허덕이며 살아간다. "목회는 밥벌이가 아니다"라고 말하면서도 밥을 걱정하며 살아야 하는 처지인 것이다.

겉으로는 부요한 것 같지만 속으로는 가난한 이 시대에 교회를 개척하는 일은, 부요함의 허상과 교회 개척의 척박한 현실을 몸소 체험하는 기회다. 이 척박한 땅 위에 뿌리내리고 꽃을 피우는 일이 곧 목회다.

소설가 조정래 선생은 "문학은 영원을 향해 시들지 않는 꽃입니다. 굶주리며 쓴 좋은 작품은 영생을 얻습니다"라고 했다. 나는 이 문장을 이렇게 바꿔 말하고 싶다. "목회는 영원을 향해 시들지 않는 꽃을 피우는 일입니다. 울며 씨를 뿌림으로써 생명의 꽃을 피워냅니다."

목회는 어차피 세상이 반기는 일이 아니다. 부요해 보이는 목회 환경 또한 부러워할 일이 아니다. 허상으로 보이는 그 부요함을 깨부수고 가난한 실존을 이겨내는 정직한 눈물 위에서 꽃이 피어날 것이다.

오늘도 교회 개척을 위해 기도하며 애쓰는 동역자들에게 온 맘 다해 격려의 박수를 보낸다.

품어야 한 몸

주님의 몸 된 교회에 속한 행복을 무엇으로 표현할 수 있을까? 지난 10년간 내가 교회를 섬긴 것이 아니라 교회가 나를 기다려주었다. 어떤 선택도 할 수 없는 불안정한 삶에 처한 나를 보채지 않고 기다려준 것이다. 어정쩡한 나의 의사결정과 태도를 그저 묵묵히 참고 견디며 지금까지 함께해주신 성도들께 감사할 뿐이다.

때로는 성도들이 나를 아프게 찌르기도 하고, 내 미숙함으로 그들을 눈물 흘리게도 했지만, 그럼에도 그리스도의 한 몸이 되어 살아온 시간들이 감사하다. 아파도 함께 견딘 시간이 이제는 우리를 지체로 만들었다. 아픔 없이, 희생 없이, 갈등 없이 어찌 한 몸을 이루어가랴.

지금까지 담임목회자로서 내게 가장 고통스러운 상황은 인사 문제였다. 무슨 기준으로 사역자로 뽑거나 사임하게 할 것인지, 판단과 결정이 참으로 쉽지 않았다. 내 고충을 간파했던지, 당회원들이 귓속말로 지나가며 한 얘기가 있다. "어디를 가든지 사역을 잘할 수 있는 사람은 보내고, 아직 더 자라야 하고 키워야 하는 사람들은 보내지 마세요. 그런 사람들은 우리가 키워야지요."

그러고 보면 나 역시 지금 섬기는 교회에서 담임목사직을 영원히(?) 해야 할지도 모른다. 어디서도 받아줄 수 없는 영원한 미숙아이기 때문이다! 시간이 지나도 여전히 성숙에 이르지 못하는 나 자신을 생각하며 그리스도의 몸에 속한 즐거움으로 인해 눈시울이 붉어진다.

부족하고 미숙해도 품고 살면 한 몸이 되고 생명이 숨쉬는 공간이 된다. 그러니 이 땅의 교회여, 제발 사람 좀 쉽게 버리지 마시라. 주님 몸에 속한 당회여, 부디 사람 좀 가볍게 대하지 마시라.

교회의 존재이유

사람을 바꾸지 못하는 것이 한국 교회의 가장 큰 문제다. 사람을 바꾸는 것을 포기한 교회는 세상에 존재할 이유가 없다. 사람을 변화시키는 것이야말로 교회가 할 일이다. 어떤 운동보다, 어떤 나눔보다, 어떤 행사보다.

하여 시대의 변화 이전에 사람을 변화시키는 성령의 임재를 간절히 구한다. 성령이여 임하소서! 이 어두운 우리를 변화시키소서!

두 마음

교회재정 보고를 받아보면 언제나 "할렐루야!"가 절로 나온다. 하나님은 우리 교회에 매달 필요한 만큼을 주신다. 부족할 때도 있었지만 지나고 보면 어느새 채워졌다. 이번달에도 정확하게 주셨고, 어김없이 "할렐루야!"를 외치며 감사해한다.

그러다 문득 마음속에 이런 생각이 든다. 교회재정은 필요한 만큼만 주셔도 할렐루야인데, 집안의 재정은 왜 필요한 만큼만 채워지면 불안할까? 좀 더 여유 있게 채워주시면 좋을 텐데 하며 아쉬워하게 되는 걸까? 정말 딱 필요한 만큼만 채워주시기에 '만일의 사태'에 대한 일말의 불안을 느끼는 건지도 모르겠다.

교회재정 형편에 반응하는 마음과 집안의 재정 상황에 반응하는 마음이 다름을 깨달으며 문득 아내에게 미안한 일이 떠오른다. 아내가 이 말 들으면 놀라서 벌떡 일어날지도 모르겠다. "여보, 나 사실 예전에 계속 개인재정을 교회재정에다 넣었어요."

권사님의 천국여행

이른세 해를 사신 권사님이 소천하셨다. 어른을 떠나보내는 마음이 아리기도 하지만, 한편으로는 긴 투병과 요양원 생활 가운데 죽음을 맞이할 준비를 해오셨음을 깨닫는다. 슬픔 속에 차분히 권사님의 삶을 음미하며 부활의 소망 위에 견고히 서 계시던 그분의 믿음을 나눈다.

조문 온 성도들이 권사님 얘기를 나눈다. 병문안 가면 잡다한 세상 얘기는 싫다 하시고 함께 찬송 부르기를 그토록 좋아하시던 분이었다. 말씀을 암송하는 것도 좋아하셨다. 다른 사람에 대한 험담은 극히 싫어하셨다.

우리 권사님, 주무실 때 소리 지르는 잠버릇이 있는데 천국에서 예수님이 깜짝 놀라시지 않을라나. 아차, 천국에는 잠을 잘 필요가 없을지도 모르겠다. 하나님이 졸지도 주무시지도 않는 분이시니 말이다. 저런, 그럼 잠이 천국인 사람들은 어떡하나….

장례기간이 끝나갈수록 권사님 살아온 얘기보다 그분이 섬겼던 그리스도와 하나님 이야기가 더 많아진다. 그것이 성도의 삶이라는 듯, 하나님에 대한 고백만이 들려온다.

그렇다. 죽음의 자리에서 성도의 위엄이 가장 잘 드러난다. 인간으로서 가장 무기력한 자리에서 오직 믿음만이 그날에 대한 소망을 견고하게 한다.

이른세 해를 믿음으로 사신 권사님의 천국여행을 지켜보며, 영원한 안식을 기원한다.

두 가지 숙제

인생과 교회. 익숙해지고 싶은 두 가지 숙제다. 익숙해져서 어느덧

쉬워지는 날이 오기를 바란다.

그런데 아무리 살아가도, 아무리 시간이 지나도 도무지 익숙해지지 않는다. 결코 쉬워지지도 않는다. 익숙해질 만하면 둘 다 급변해 있거나 돌변해 있다. 아니면 내가 바뀌지 않아서 감당하기가 버겁다.

익숙해지지도, 쉬워지지도 않는 이 두 가지 숙제를 붙잡고 날마다 씨름하며 산다. 조금 익숙해질 만하다 금세 버거워지는 과정을 반복한다. 아마 익숙해지는 순간은 평생 오지 않을 것 같다.

시험일까, 유혹일까

나는 시험과 유혹을 잘 구분하지 못할 때가 많다. 내가 겪는 일이 시험인지 유혹인지 헷갈릴 때가 적지 않다. 물론 시험이 시련이 되기도 하고 때로 유혹으로 나타나기도 한다.

내 속에서 나오는 욕심에 이끌린 시험은 악으로부터 오는 유혹이고, 하나님의 약속에 이끌려 겪는 시험은 생명의 면류관을 약속하는 시련(훈련)이다. 유혹과 시련은 그 근원이 다르고, 목적 또한 다르다. 전자는 멸망으로 이끌지만 후자는 생명을 얻게 한다. 하나님은 우리를 훈련하시지 유혹하시지는 않는다.

삶에 아무리 좋은 것이 많아도 가장 좋은 은사와 선물은 다 위로부터 온다. 속지 말아야 할 것은, 세상에서는 좋은 것이 나오지 않는다는 사실이다. 변덕스러운 세상에서 좋은 것은 없다. '변함도 없으시고 그림자도 없으신' 영원하신 하나님으로부터 오는 첫 선물은 거듭남이다. 이 세상에서 거듭남보다 좋은 선물은 없다!

유혹은 마음을 속이려 들지만, 시험은 마음을 힘들게 할지언정 속이지는 않는다.

위기에 맞서는 법

어려움이 닥칠 때 대처하는 방법은 사람마다 다르다. 내 경우는 어려움을 통해 어려움을 이기는 길을 찾았다. 부딪치자, 맞서 싸우자는 단순한 결심이 내 삶을 새롭게 했다.

내 싸움은 무엇보다 먼저 나의 생명과 삶을 받으시는 분이 하나님이심을 인정하는 데서 출발했다. 생명은 돈으로 유지되는 게 아니다. 삶이 돈에 좌우되는 순간 싸움에서 패배한다. 그러나 이러한 고백과 인정이 쉽지는 않았다.

다음으로 내가 싸워야 했던 건 고통에 대한 정죄였다. 처음에는 돈 걱정을 많이 했지만 시간이 지나고 나니 과거의 많은 선택을 후회하는 마음이 더 크게 다가왔다. 그로 인해 나 자신을 정죄했다. 그리스도인이, 목사가, 아빠가, 남편이 이러면 안 되는데 하면서 말이다. 정죄를 이기는 길은, 용서의 말씀을 붙들고 버티는 수밖에 없었다. 지금도 때로 정죄의 가시가 마음을 찌르지만, 내가 할 수 있는 건 용서의 말씀을 믿고 붙드는 것뿐이다.

끝으로 싸워야 했던 문제는, 나아질 기미가 보이지 않는, 언제 끝날지 모르는 '현실'이었다. 여전히 삶은 아슬아슬하고, 재정은 더 부족했다. 그럼에도 하나님을 신뢰하고 그분의 도우심에 지금의 부족함을 맡기는 수밖에 없었다. '주님의 권능만 의지하고 계속 나아가겠습니다.' 어리숙한 결단 같았지만 하나님은 내 고백을 받아주셨다.

지금도 어려움이 다 해소된 건 아니다. 앞으로 또 닥칠지도 모른다. 그렇더라도 나는, 이미 그랬듯이 그때에도 변함없이 맞설 생각이다.

늦거나 혹은 빠르거나

"하나님의 도움은 결코 늦는 법이 없습니다. 다만 우리가 너무 성급할 뿐입니다."

누군가 보내준 글귀다. 그런데 하나님의 일하심이 빠르다거나 늦다는 판단 자체가 인간의 기준이고 잣대일 뿐이라는 게 내 생각이다. 하나님의 도움이 늦거나 빠르다는 것은 순전히 우리의 감정과 느낌이다. 우리가 '급하게' 결정해도 하나님은 '하나님의 때'에 일하신다.

우리를 만드신 분의 때와 시간을 따르며 사는 것이 지혜다. 도움이 빨리 와도 살아가고, 더디 와도 살아간다. 그 속도의 빠르고 늦음보다 하나님의 때를 기다려 깨닫는 지혜가 더 중요하다.

믿음, 그리고 자유

하나님이 우리 삶에 관여하신다는 섭리는 고통 가운데 있을 때 더 크게 다가온다. 하지만 실제로 고통의 터널로 들어가면 하나님의 섭리에 대한 믿음 때문에 더 아픔을 겪기도 한다. 하나님을 믿는 믿음 안에서 섭리를 확신하는 만큼 하나님이 더 원망스럽기 때문이다.

그런데 고통을 통해 내 믿음이 교정되고, 섭리에 대한 이해가 깊어지면서 자유함을 얻었다. 섭리하신다면서 왜 가만히 계시는 거냐고 원망과 불평을 쏟아내는 대신, 하나님이 나를 사랑하신다는 십자가를 굳게 믿고 '내 마음대로' 살아보기로 한 것이다. 그러자 오히려 하나님이 인간에게 엄청난 자유를 주셨다는 것을 알게 됐다.

하나님은 내가 하고 싶은 대로 해도 될 만큼 많은 것들을 허락하셨다. 하나님의 뜻이 무엇인지 생각하다가 두려움에 빠지는 어리석음이 아니라, 그분의 뜻을 몰라도 내가 하고 싶은 대로 할 수 있는 여유를 주셨다.

아픔 또한 섭리 안에 있음을 받아들일 때 인생을 보는 눈이 달라졌다. '왜 내게 이런 일이?'라는 원망을 내려놓고 아픔이 삶의 한 과정임을 받아들이게 되었다. 종국에는 인간이라면 누구든 소멸될 수밖에 없는 인생의 고통이 오히려 자유함을 준 것이다.

이때부터 '내가 믿는' 하나님 대신 '하나님이 나타내시는' 하나님을 믿고 알아가기 시작했다. "내가 믿는 하나님은 그런 분이 아니야"라는 말에는 '내가 만든 하나님'이라는 우상적인 요소가 들어 있다. 하나님이 스스로 드러내시는 하나님이 아닌 내 관점으로 형상화해온 하나님 상을 내려놓자 삶이 가벼워졌다.

죄의 짐 vs. 삶의 짐

삶의 짐보다는 죄의 짐이 더 무섭다. 그러나 정작 우리는 삶의 짐을 더 무서워한다. 영원한 형벌로 이끄는 죄의 짐은 벗을 수 있지만, 날마다 짊어져야 하는 삶의 짐은 누구도 피할 수 없어서일까? 죄의 짐을 벗고 구원받았음에도 이 땅을 사는 동안 감당해야 할 삶의 짐은 고스란히 남아 있지 않은가.

온갖 종류의 삶의 짐이 우리를 짓누르지만, 사랑하는 이의 질병이 주는 짐은 참으로 힘에 겹다. 그 짐이 무거워지는 날에는 무기력증에 빠지기도 하고, 아내를 잘 돌보지 못했다는 자책감에 후회를 곱씹는다. 때로 자기 정죄가 얼마나 심했던지, 그때마다 십자가를 묵상하고 또 묵상하는 것밖에는 다른 방법이 없었다.

하나님 안에서 경험한 용서로 정죄를 이기자 일상을 위협하는 요소들이 두드러지게 나타났다. 느려진 삶의 속도에서 오는 불안과 갈수록 부담스러운 재정, 그리고 약해져가는 기력은 두려움을 불러왔다. 이러다 나도 병들겠구나, 하는 생각이 커져만 갔다.

두려움은 말씀을 잃었을 때 더욱 깊어졌다. 말씀을 붙잡지 않으면 두려움이 한순간에 나를 빙 둘러쌌다. 곤고함 가운데서 나를 건져낸

건 다시, 말씀이었다. 시편과 잠언, 욥기를 읽고 또 읽었다. 실제적인 삶의 여러 상황을 이미 살아온 이들의 고백이 내게 큰 위로를 주었다. 그리하여 하루하루 삶의 짐을 지고 걸어갈 힘을 얻을 수 있었다.

필요 vs. 공급

하나님은 이 지구상의 수십억 인구가 지닌 다양한 요구를 어떻게 채우시는 걸까? 수요자인 우리의 필요에 맞춰 공급하시는 걸까, 공급자인 하나님의 기준에 맞춰 공급하시는 걸까?

당연히 우리의 필요에 맞춰 주시지 않겠냐는 대답이 나오겠지만, 나는 공급자의 기준에 따라 우리의 필요를 채워주신다고 생각한다. 왜냐하면 우리의 필요에는 언제나 욕심이 쉽게 끼어들기 때문이다. 누구든지 자기가 갖고 싶은 것을 자기에게 필요한 거라고 착각하는 이유가 여기 있다.

삶의 여러 필요에도 불구하고 절제하며 자유롭게 사는 사람은 대단한 내공을 지닌 신앙의 고수임에 틀림없다. 그러나 대부분의 사람들은 필요로 인해 부자유하고, 생각과 삶이 자기 필요에 얽매인다.

공급자이신 하나님은 당신의 부요한 마음을 따라서 내 필요를 채워주신다. 내 생각으로는 분명 100이 필요한데도 하나님은 10을 주신다. 스스로 감당할 수 없는 규모의 삶이란 욕심 위에 집을 지어올리는 삶과 다를 바 없기 때문이다.

우상은 눈에 보이는 것만이 아니다. 우상은 하나님 나라보다 개인의 필요를 더 앞세운다. 그 결과, 우리 내면이 우상으로 가득하게 된다!

디딤돌 vs. 걸림돌

"연약함은 우리 인생의 걸림돌이 아니라 주님과 가까워지는 디딤돌이다."

어느 책에서 읽은 구절이다. 내 생각은 다르다. 연약함은 인생의 걸림돌이 맞다. 하고픈 것을 포기해야 하고, 낫지도 않는 질병을 안고 살아야 하고, 심지어 평생 걸림돌이 되어 삶을 가두고 제한하는 요소로 작용한다.

주님과 가까워진다고 연약함이 사라지지 않는다. 주님과 가까워진다고 곧바로 가난이 해결되지 않는다. 가까워진 주님이 나를 살게 하는 것뿐이다.

연약함이 디딤돌이 아니라, 주님이 우리 인생의 디딤돌이다. 따라서 주님을 변함없이 의지하고 그분께 기대는 인생이라면 어떤 형편에서든 반석 위에 집을 짓는다. 연약함에 지나친 영적 의미를 부여해 신비화할수록 고통만 가중시킬 수 있다.

연약함은 디딤돌이 아니다. 걸림돌이고, 아픔이다. 오직 예수님만이 우리 인생의 디딤돌이다.

진정한 경건

진정한 경건은 세 가지 방향으로 드러난다.

위로는 하나님을 향한 기도로 나타난다. 밖으로는 인류를 향한 사랑으로 나타난다. 안으로는 자기를 향한 부인으로 드러난다.

하나님을 향한 기도, 이웃을 향한 사랑, 자기부인. 이 세 가지가 곧 경건을 가늠하는 잣대라 할 수 있다. 셋 중 하나가 빠진 경건은 참된 경건일 수 없다. 그래서 늘 세 가지 질문을 곱씹으며 살아간다.

나는 하나님께 기도하는가? 이웃을 사랑하는가? 자기를 부인하는가?

순종의 삶

하나님께 복종하는 삶은 결코 쉽지 않다. 더구나 생의 끝까지 복종하는 삶을 살아가는 것은 누구에게나 버겁다. 한두 번의 실족은 당연한지도 모른다. 수년 동안 의도적으로 곁길을 달리는 경우도 있다.

인간은 듣고도 잘 깨닫지 못한다. 한 번에 알아듣는 경우는 거의 없다. 완고한 마음이 하나님의 말씀을 무시한다. 그러나 하나님은 인내하며 기다리시는 가운데 우리를 깨우는 다양한 방법을 찾으신다. 특히 다른 어떤 방법보다 기록된 말씀을 듣고 깨닫게 하심으로 복종의 삶을 살게 하신다. 복종하기를 싫어하고 더디 깨달으며 완고한 우리를 향해 기꺼이 자신을 내어주시고, 성령의 내주하심으로 우리의 복종과 깨달음을 도우신다.

하나님은 우리를 일깨우기 위해 같은 수고를 숱하게 되풀이하시는 것조차 마다치 않으신다. 그렇기에 우리의 허물을 덮어주시며 영원히 변하지 않는 말씀을 하신다. "너를 사랑한다."

하나님은 내 연약함을 도우시고, 이겨내지 못하는 악함을 덮으시고 용서하신다. 내가 잘 살아서 살아가는 게 아니다. 내 안에 사시는 그분으로 인해 오늘 하루도 살아간다.

믿음

믿음은 하나님을 움직이는 조건이 아니다. 스스로 일하시는 하나님의 사역에 동참하는 출발점일 뿐이다.

하나님은 우리의 믿음 때문이 아니라 당신의 약속 때문에 일하신다. 믿음은 자신이 바라는 것에 대한 확신이 아니라 드러난 하나님의 약속을 확신하는 것이다. 그러니 믿음은 내가 원하는 것을 얻는 게 아니라 그분의 원하심을 따르는 삶이다.

하나님은 내가 원하지 않는 것도, 내 동의 없이도 당신의 선하신 계획대로 이끌어가시는 분이다. 내가 방황하더라도 그분은 일하신다.

원한 맺힌(?) 기도

항상 기도하고 낙심하지 않는 이들은 그리스도의 오심을 고대하는 자들이다. 그분을 고대하며 살아가는 삶에는 낙심이 수시로 찾아온다. 그래서 '과부의 기도'가 필요하다. "항상 기도하고 낙심하지 말아야 할 것을…." 눅 18:1

원한을 풀어달라는 간청 눅 18:3 은 죄와 악에 대한 결연한 거부 없이는 나올 수 없다. 십자가 지는 제자의 삶이 없는데 어찌 원한 맺힐 일을 당할까. 뇌물을 받으며 대세에 순응하여 살아가는 사람이 무슨 억울한 일을 당할까. 뇌물을 단호히 거절하고 물리치는 사람이 모함을 당하거나 억울한 일을 겪는 법이다. 그때 하나님께 신원 伸冤 을 호소하며 원한을 풀어달라는 기도가 터져나오는 것이다.

아굴의 기도

그리스도인의 삶에서 기도의 중요성은 아무리 강조해도 부족하다. 그런데 잠언에는 기도에 대한 강조가 거의 없다. 물론 '의뢰하라'는 말이 있지만 직접적으로 기도가 등장하는 건 한 번밖에 없다.

> 내가 두 가지 일을 주께 구하였사오니 내가 죽기 전에 내게 거절하지 마시옵소서. 곧 헛된 것과 거짓말을 내게서 멀리 하옵시며 나를 가난하

게도 마옵시고 부하게도 마옵시고 오직 필요한 양식으로 나를 먹이시
옵소서. 혹 내가 배불러서 하나님을 모른다 여호와가 누구냐 할까 하오
며 혹 내가 가난하여 도둑질하고 내 하나님의 이름을 욕되게 할까 두려
워함이니이다. 잠 30:7-9

아굴이 구한 기도는 사는 동안 거짓을 말하지 않는 것이었다. 말의 허물과 거짓을 버리는 것이 그의 첫째 기도제목이었다. 지혜로움은 확실히 말의 진실함과 거룩함에 있다.

그의 둘째 기도는 필요한 양식만 달라는 것이었다. 배부르면 하나님을 잊기 쉽고, 가난하면 도둑질할 수 있으니 가장 적절하게 먹여달라는 것이다. 더 많은 것을 구하기 위해 기도드리는 게 아니다. 필요한 만큼 구할 줄 아는 분별력이 지혜다.

기도를 강조할수록 적정한 필요만큼 하나님께 구하는 법을 배워 간다.

파이프와 저수지

그리스도인의 삶을 '파이프'에 비유하는 이들이 있다. 세상에 축복을 흘려보내는 통로가 되라는 뜻일 게다. 이런 비유는 나를 적이 불편하게 한다. 파이프를 통과하고 나면 파이프에는 아무것도 남지 않는다. 이 경우 자칫 인간은 하나님의 목적을 위한 수단으로 전락한다.

우리는 그저 흘려보내기만 하는 파이프보다는 '저수지'가 되어야 한다. 물고기를 비롯한 온갖 생명이 살게 하고, 필요한 곳마다 물을 공급해주는 저수지가 되어야 한다.

'하나님 뜻'이라는 핑계

<u>스스로</u> 삶을 책임져야 하는 순간에 하나님의 뜻을 고민하는 이들이 있다. 경건의 모양을 취하지만, 사실은 책임회피일 뿐이다. 하나님의 뜻은 '내가 걷는 삶의 여정을 성실하게 감당하는 것'이다. 현재 자기 앞에 놓인 삶의 과정을 피하지 말고 충실하게, 책임감 있게 감당하는 자세가 하나님의 뜻이라는 얘기다.

문제는 자신의 모호하고 불분명한 목적을 하나님의 뜻으로 포장하면서 정작 당면한 현재의 삶을 무시하는 태도다. 그뿐 아니라 자신이 발디딘 현실과는 별 상관없는 목표의식 충만한 미래를 강조하며 이를 경건함으로 둔갑시키기도 한다. 그러면서 더 나은 미래가 있는데 왜 굳이 이 현실에서 아등바등 싸워야 하냐고 한다.

하나님의 뜻을 빙자해 인간의 책임을 회피하는 태도는 경건이 아니다. 내세를 기다리는 것뿐 아니라 현세를 성실히 살아가는 것이 경건이다.

비판 말라? 하라!

성서학자 에릭 J. 바저허프의 《가장 잘못 사용된 성경구절》(새물결출판사)에 따르면, 마태복음 7장 1절 말씀이 그 대표적인 구절 중 하나다. "비판을 받지 아니하려거든 비판하지 말라."

이 구절은 예수님이 위선자들에게 하신 말씀이다. 티끌 같은 남의 죄는 지적하면서 들보 같은 자기 죄는 고의로 간과해온 사람들 말이다. 그러므로 자신의 방탕한 삶을 합리화하거나 정당화하기 위한 수단으로 사용해서는 안 된다.

아울러 정당한 윤리적 판단이나 책임을 묻는 것조차 못하도록 금지하는 말씀이 아니다. 오히려 책임을 묻는 말씀이다. 하나님 나라에 합당한 삶을 살라고 책망하는 말씀이다.

자신들의 윤리적인 책임에서 벗어나려는 수단으로 이 구절을 오용하는 무리들에게 화 있을진저!

신앙의 눈으로 본, 토끼와 거북 이야기

토끼는 낮잠을 자다가 경주에서 거북이한테 졌다. 토끼가 패배한 결정적인 이유는 달리기 코스를 몰라서가 아니었다. 다쳐서도 아니었다. 배가 고파서는 더더욱 아니었다. 만일 토끼가 열심히 달려서 결승선에 들어갔다면 너무 뻔한 얘기가 되었을 것이다. 토끼는 이길 수 있는 경주를 이겼을 뿐이니까.

그런데 거북이가 이겼다! 거북이는 묵묵히 자기 길을 갔다. 저 멀리 앞서가버리는 토끼를 보며 낙심에 빠져서 이미 시합에 졌다고 포기할 수도 있었다. 하지만 거북이는 토끼처럼 달릴 수도 없는 그 길을 묵묵히 자기 걸음으로 걸었다.

신앙은 토끼의 달리기보다는 거북이의 걸음과 비슷하다. 거북이는 경주를 했지만, 토끼는 경쟁을 했다. 경쟁은 자기 길을 가는 대신 상대방을 의식하며 걸음걸이를 조절하고 코스를 바꾸게 만든다. 자기 능력보다 상대방을 의식하게 만든다.

이와 달리, 경주는 자신의 길을 가는 것이다. 거북이는 애당초 토끼와 경쟁할 수가 없었다. 누가 먼저 앞서간 길이든 나는 내가 걸어야 할 길을 걸으면 된다. 먼저인지 나중인지는 중요하지 않다.

신앙은 경쟁을 통해서는 자라지 않는다. 경쟁이 아닌 경주를 통해 성숙한다. 함께 달리는 사람을 의식하지 말고 자기 길을 걸어야 하는 이유가 여기 있다. 신앙은 순위로 평가하는 게 아니다. 가장 먼저 도달한 사람에게 가장 큰 상급을 준다면, 아브라함 이후로 우리에게는 더 이상 받을 상이 없을지도 모른다. 하나님의 상은 가장 먼저, 가장 빨리 도착했다고 주어지는 게 아니다. 경쟁으로 받는 게 아니다.

토끼와 거북이의 경주에서 가장 아름다운 상상은 토끼와 거북이가 함께 걷는 모습이다. 둘이 같이 걷는다면 얼마나 답답할까? 왜 이렇게 더디지, 왜 이렇게 빨리 가려 하지, 차라리 혼자 가는 게 낫지 않을까… 온갖 속생각과 고민, 갈등의 연속일 것이다. 그런데 그게 바로 사랑이다. 천국 여정을 함께 걷는 것은 때로 속이 터지는 일이다. 그래도 함께 걸어야 한다. 아무리 더디고 느릴지라도.

벧엘의 타락

"다시는 벧엘에서 예언하지 말라. 이는 왕의 성소요 나라의 궁궐임이니라." 암 7:13

예언자가 하나님의 말씀을 사사로이 취사선택하고 자신에게 유리한 것만 취하는 태도는 반드시 예배를 사유화하는 결과를 낳는다. 벧엘은 처음부터 권력 강화를 위한 수단으로 정해진 예배 장소였다. 자기 권력을 강화하기 위한 벧엘은 더 이상 하나님의 성소가 아니다. 제사장 아마샤의 성소요, 왕 여로보암의 개인 궁궐일 뿐이다.

잘못된 동기에서 시작된 선택적인 말씀 경청은 예배의 기능을 왜곡하고 예배를 사유화한다. 그래서 교회도 자기 것으로 여긴다. 사유화된 신앙은 타락의 절정이다.

돈보다 지혜

돈처럼 '지금' 부족한 게 있을까. 돈처럼 남과 비교되는 것도 없다. 늘 재정 결핍에 시달리면서도 사랑의 후원에 힘입어 '넉넉하게(!)'

살아왔다. 때를 따라 도우시는 하나님의 공급하심도 경험하고, 돈을 소유하고 지출하는 지혜도 익히고, 모든 일에 절제하는 미덕도 배웠다.

그래도 늘 부족한 것이 돈이다. 돈 쓰는 일만큼 지혜가 필요한 영역도 없다. 하나님은 지혜를 주시는 데 후하시다. 꾸짖지 않으신다. 그래서 필요한 돈보다 지혜를 달라고 더 많이 기도했다. 그리하여 '현재의 결핍'을 믿음으로 견디는 삶의 지혜를 배웠다.

'지금' 부족한 것을 견디는 믿음은 나를 모자람 없는 생활로 이끌지 않고 돈을 다스리는 풍성함으로 이끌었다. 그래서 나는 오늘도 기도한다. 결핍을 인내하는 믿음을 달라고, 이미 주신 돈을 잘 사용하는 지혜를 달라고.

돈은 머물지 않는다

돈이 좀 생겼다 싶으면 도와달라 손 내미는 이가 꼭 있다. 사정을 들어보면 진짜 딱하다. 다시 빈털터리가 된다. 그래도 오늘을 살고 내일도 살아간다! 신기하다 못해 하루하루가 기적이다. 자기 사정을 말하고 도와달라는 이들은 그래도 좋은 분들이다.

어떤 이들은 속이기까지 한다. 속이는 줄 번연히 알면서도 속아준다. 한번 속아주면 그에게 복음을 전할 기회가 반드시 돌아온다. 지금까지 경험이 그렇다. 물론 요구하는 돈의 액수가 내 생활에 큰 영향을 미치지 않는 범위 내에서다.

내게 없는 것을 주지는 못하기에 하나님은 당신에게 구하라고 하신다. 내 필요를 구하면 하나님은 다른 이들의 필요까지 더해서 주신다. 예수님이 가르쳐주신 기도문의 '우리의 양식'은 나만의 양식이 아니다. 하나님이 내 필요를 채워주시는 건 이웃의 필요까지 고려하신 것이다.

늘 돈에 끌려다니지 않고 사는 법을 배우려 애쓴다. 하나님이 돈을 한 번에 왕창 주시지 않는 이유를 나름 파악하고 있다. 한 번에 다 주시면 좋겠다는 생각을 하다가도 지금까지 먹은 것만 해도 감사하다는 고백을 저절로 한다.

요즘 들어서 도와달라는 이들이 많다. 지난주에 두 번, 이번주에도 벌써 두 번. 그만큼 모두들 살기 어렵다는 얘기겠지. 다들 어려운 시절, 조금만 서로 돌아보며 살아가면 좋겠다.

오늘도 돈은 내게서 머물 처소를 찾지 못한다!

십일조의 의미

십일조를 낼 때마다 드린 것보다 남은 것이 많아서 감사한다. 열 중에 아홉이나 남았으니 남는 장사다. 하나님 것보다 내 것이 더 많다. 그래서 감사한다.

십일조 규정은 하나님께 얼마만큼을 내라는 게 아니라 자기 삶을 규모 있게 살라는 권면이다. 따라서 하나님께 얼마를 드려야 하느냐보

아빠는 왜
그렇게
살아?

다는 내게 있는 것을 어떻게 규모 있게 사용할지에 더 마음을 써야 하는 것이다.

내 경험으로 봐도 재정 적자는 대개 충동적인 소비 같은 부적절한 지출로 인한 경우가 많다. 수입이 적지 않음에도 늘 부족하다고 생각한다면 삶의 규모를 줄여야 하는지도 모른다.

아울러 헌금과 관련하여 과도한 경건주의를 버려야 한다. 하나님은 헌금을 많이 하는 열정보다는 주어진 여건 안에서 규모 있게 사는 지혜를 기뻐하신다. 하나님이 당신께 드리는 헌금보다 직원들에게 월급을 제때 주는 신실함을 원하신다는 게 이상한 일일까.

축사와 축사 이후

장로교 목사인 나는 귀신을 내쫓는다는 축사逐邪 얘기만 나오면 어정쩡해진다. 분명히 축사도 하나님의 역사임을 인정하지만, 그런 간증을 말하면 일단 의심부터 하고 본다.

성경을 보면, 예수님의 축사 사역에 놀라는 무리가 있었고, 더러는 바알세불의 힘으로 귀신을 내쫓는다고 예수님을 모함했으며, 더 큰 이적을 구하는 이들도 나온다. 예수님은 분명 하나님의 능력을 행하셨고 하나님 나라가 임한 증거를 축사를 통해 나타내 보이셨다.

그런데 중요한 건 축사 이후의 삶이다. 귀신을 내쫓고 나서 회복된 삶이 지속적으로 하나님의 통치 가운데 이루어져야 한다는 점이다. 이를 간과하고 귀신 내쫓는 능력을 지나치게 강조하거나 내세우는 건 바람직하지 않다.

축사 이후 지속적으로 하나님의 능력 안에서 살아가는 것이 비할 바 없이 중요하다. 그로써 우리는 참자유를 누린다. 한 번의 능력을 경험하는 데 머물지 말고 날마다 그분의 통치 가운데 살아가야 한다. 그것이 하나님 나라가 임한 삶이다.

암소의 선교

베트남으로 단기 선교를 다녀온 전도사님이 간증을 했는데, 암소 얘기가 기억에 남아 있다.

마을에 암소가 한 마리 있었는데, 2~3년 동안 농사일에 쓰임 받으면서 새끼를 낳았다. 그 암소는 다른 마을로 파견(?)되어 그곳에서도 일정 기간 농사일을 하며 새끼를 낳았다. 그렇게 암소 한 마리가 동네마다 순회하며 대단히 중요하게 쓰임을 받더라는 얘기였다. 그러면서 이렇게 덧붙인다. "우리도 이 암소처럼 쓰임 받아야겠습니다."

이 암소야말로 '선교사'라는 생각이 들었다. 한자리에 머물지 않고 다른 마을로 계속 파송받고, 가는 곳마다 생명을 낳는 수고와 노동의 수고를 이어간다. 노동과 생명의 수고를 다하면서 어디로든 옮겨가는 삶이야말로 다름 아닌 성도의 삶 아니던가.

오늘은 이 교회에서 섬기며 생명을 낳는 일에 수고를 다하지만, 언젠가 부르시면 다른 곳으로 간다. 아무 미련 없이 오직 부르심에 충실한 삶을 위해 떠난다. 그러니 오늘 섬기는 교회에서 더욱 힘을 다해 수고해야겠다.

요즘 나의 청년 사역

순복음교회를 다니다가 지금은 다른 교회로 옮긴 한 자매가 물었다. "지금 다니는 교회 목사님은 방언은 없다면서 방언을 못하게 하시는데 어떻게 해야 되나요?"

그 말에 비유를 들어 얘기했다. "네가 어릴 때는 엄마 아빠가 시키는 대로 했지만, 성인이 된 지금은 어떻게 하니? 네 일을 네가 알아서 한다고 집에서 쫓아내던?"

요즘 세대는 두려움이 너무 많다. 자기가 틀리면 어떡하냐고 묻는다. 그러나 실수하고 실패해야 성장한다. 실수 없이 자라는 사람은 없.

'영적'이라는 말로 젊은 세대를 가두거나 '영적 권위'라는 미명으로 억누르지도 말고 크는 대로 자라게 둬야 한다. 물어본다고 다 대답해 줄 수도 없거니와, 알더라도 그들이 스스로 결정하도록 기다려주는 게 중요하다.

'정답'의 중압감에 시달리는 짐을 벗겨주고, 실패의 두려움에 갇혀 결정하기를 주저하는 마음에 선택의 시간을 주는 것. 이것이 내가 요즘 청년들을 만나면서 하는 일이다.

부르심에 응답하는 삶의 양면성

공릉동 지역 교회 목사님들과의 정기 기도모임에는 진솔한 나눔이 있다. 나눔 속에 슬픔과 기쁨이 공존한다. 사역자로서 얻는 기쁨은 때로 가족의 필요와 상충하여 애환을 낳는다. 부르심에 응답하는 삶이 늘 풍성하고 즐거우면 좋으련만 실제로는 팍팍한 경우도 적지 않다.

큰딸이 어렸을 때 대학생 사역으로 자주 집을 비우는 나에게 "또 집 나가? 아빠는 집이 싫어?" 하고 물은 적이 있다. 못 들은 척 현관문을 닫고 나오며 아이의 말에 귀를 닫았지만, 마음마저 닫을 수는 없었다.

부르심에 응답하는 삶은 '공허감'이 몰려오거나 사역의 열매가 없다는 낙심에서 벗어나려고 혼자 몸부림치는 밤을 지나기도 한다. "골짜기를 지나야 지혜가 생긴다"는 말처럼 사역자는 긴 시간을 앓고 나서야 비로소 기쁨을 맛본다.

골짜기를 지나는 동안 겪는 아픔을 원망이나 비난 없이 함께 헤쳐 가면 좋겠다. "곤란 중에 나를 너그럽게"시 4:1 하시는 은혜 베푸시는 하나님을 바라보며 부르심 안에서 우리 함께 온전히 빚어질 날을 기다린다.

부르심이 절박함을 이긴다

"형이 내 절박함을 알아?" 한 동료 목사가 사역지가 없어 어려움을 겪는 중에 토로한 말이다.

얼마나 답답했을까. 생계의 절박함과 부르심 사이에서 사역자는 늘 갈등을 겪는다. 가장으로서 가족의 힘겨움을 바라만 봐야 하는 상황은 더없이 고통스러운 일이다. 사람이 절박해지면 무엇이든 하려고 한다. 더구나 그것이 생계의 문제요, 가정을 책임지는 일이라면 무슨 일인들 못하겠는가.

그럼에도 생계의 절박함보다 부르심이 먼저다. 생계의 절박한 상황이 사라지고 나서도 본질적인 부르심의 싸움은 사라지지 않기 때문이다. 절박한 생계를 해결하기 위한 임시방편의 선택은 당사자와 가족에게 더 큰 상처를 줄 수도 있다. 아무리 절박해도 부르심을 따르기 위해 기다려야 한다. 부르심을 따라 고통의 긴 터널을 견디는 사람은 생계를 뛰어넘는 하나님의 위로를 경험한다.

궁핍한 생계는 온 가족을 고통스럽게 하고 가장을 자격지심으로 낙담케 하지만, 부르심은 결국 모두를 성숙한 삶으로 나아가게 한다. 고통을 견디며 부르심에 응답하는 과정에서 삶의 지혜를 갖고 여유롭게 미래를 바라보는 넓은 시야를 얻게 된다. 그것이 선물이다.

생계의 절박함을 견디는 힘은 인격적으로 내면화된 부르심에서 나온다. 절박한 상황보다 부르심을 우선해야 하는 이유가 여기 있다. 그러니 인내로써 부르심의 짐을 감당해야 한다. 부르심이 절박함을 이긴다.

모두가 '우리' 교회

내 목회의 꿈은 지역의 교회들과 동역하는 것이다. 뜻을 같이하는 두 분 목사님을 만난 지 5년이 지나 이제는 제법 규모가 갖춰진 모임이 되었다. 이제는 열네 교회 목사님들이 정기적으로 모인다. 이 가운데 다섯 분과는 1년 이상 매주 월요일마다 모여 성경을 같이 공부해 왔다.

교회를 개척하면서 가졌던 꿈 하나가 서서히 영글어가고 있다. 교회들이 경쟁이 아닌 동역을 하며 성장하는 것이 결코 수월한 일은 아니지만, 한 걸음씩 실천해가는 중이다.

서로 알고 사귀면 절대 경쟁할 수 없다. 목사들이 서로 친구가 되고 도우면 지역 내에서 긴장이 사라지고 성도들 사이도 부드러워진다. 다른 교회도 '우리' 교회가 된다. 재정이 어려운 이웃 교회들을 후원할 수 있는 날이 오면 더욱 좋으리라. 한 지역을 위해 한마음으로 섬기는 다양한 교회가 존재할 때 더욱 풍성한 하나님 나라를 누릴 수 있지 않을까?

하나님만 드러내는 '연합'

지역 내에서 교단과 교파가 다른 목회자들이 함께 만나 정기적으로 교제하고 연합모임을 해온 지 제법 되었다. 목회자뿐 아니라 이들이 섬기는 교회들도 서로 교류하고 연합하는 기회를 갖는 데 힘써왔다.

2016년 부활절 오후에도 교회들이 연합예배로 함께 모였다. 오전에는 교회마다 주일예배를 드리고 나서 오후에 따로 모인 것이다. 이 연합예배에 각 교회에서 참석한 210명 남짓한 성도들이 거의 천만 원에 이르는 헌금을 드렸다. 오전에 각자 섬기는 교회에 이미 부활절 헌금을 하고 오신 터여서 아무도 예상하지 못했던 일이었다.

기쁘고 감사한 마음으로 소중한 헌금을 들고 지역 주민센터를 찾아가 어려운 이웃을 위해 사용해달라고 전달했다. 지역 청소년센터도 찾아가 청소년들을 잘 섬겨달라고 부탁드리며 전달했다. 서로 교단과 교파가 다른 교회의 성도와 목회자들이 함께 부활의 기쁨을 나누고, 지역사회에도 그 기쁨을 흘려보낸 것이다. 이 모든 게 연합의 열매요 기쁨이다.

이렇듯 '연합'하는 일은 한 개인이나 교회를 자랑하지 못하게 한다. 어느 개인이나 특정 교회가 하는 일이 아니라, 바로 하나님이 하시는 일이기 때문이다. 연합하는 공동체, 하나 되는 공동체는 주님만 드러낸다.

'키다리 아저씨' 프로젝트

우리 지역 청소년을 섬기는 기관으로 지역 청소년센터가 있다. 지역 교회 연합모임과 지역 청소년센터가 함께 연대하여 '키다리 아저씨'

프로젝트를 시작했다. 지역 청소년들에게 멘토를 연결해주는 프로젝트로, '키다리 아저씨' 이야기에서 착안된 사업이다. 지역 청소년들이 키다리 아저씨를 통해 건강한 정신과 육체를 지닌 인격체로 성장해 자기 인생을 반듯하게 살아가기를 바라는 마음을 담았다.

삭막한 세상이지만, 같은 지역에서 살아가는 청소년들의 현재와 미래를 함께 고민하고, 조건 없이 후원하고 지지하는 키다리 아저씨들이 많아지기를 바란다.

이 프로젝트를 시작하며 이승훈 지역 청소년센터장이 올린 글을 옮긴다.

> 어제 '키다리 아저씨 프로젝트' 전달식을 가졌습니다. 공릉동 지역 내 작은 교회들이 힘을 모아서 바자회를 하고 그 수익 500만 원을 기부해주셔서 시작된 일입니다. 관계망이 협소한 청소년 다섯 명에게 키다리 아저씨 멘토를 연결했습니다. 멘토와 멘티는 한 달에 100만 원의 후원금을 지원받고 관계를 형성하며 스스로 결정한 새로운 도전에 사용할 수 있습니다.
>
> 우리는 '키다리 아저씨 프로젝트'에 참여한 청소년의 사회적 관계가 확장되고, 그 결과 청소년이 제 삶의 주인으로 살아가는 데 관심을 가지고 있습니다. 직접적 문제해결을 위한 단편적인 도움보다는 총체적인 문제해결력을 관계 속에서 배우고, 스스로 키워갈 수 있기를 바랍니다. 교회는 성금을 모으고, 성도와 주민은 멘토가 되고, 청소년은 참여하고, 청소년센터는 거들어 이 일을 지속해가려고 합니다. 마을이 하나

의 교회라는 생각으로 '키다리 아저씨 프로젝트'가 시작될 수 있도록 힘을 모아주신 지역 교회연합회에 감사드립니다.

참 좋은 우리 동네 목사님

믿지 않는 가정의 두 아이가 크리스마스 성탄예배를 드리기 위해 기쁜 마음으로 일찍 교회를 찾았다. 그런데 교회 문이 닫혀 있었다.

실망해서 집으로 돌아가는데 이웃 교회 목사님을 만났다. 두 아이의 부모가 그 교회 앞에서 식당을 하기 때문에 목사님은 아이들을 알고 있었고, 아이들이 어느 교회를 다니는지도 알고 있었다.

"얘든아, 성탄예배 안 드리니?"

아이들은 교회에 아무도 없고 문이 닫혔다고 대답했다. 목사님은 그럴 리가 없다며 두 아이의 손을 잡고 우리 교회로 데려와, 아이들을 교회학교 교사들에게 맡기고 가셨다.

우리 동네 참 좋다. 이웃 교회 교회학교 아이들까지 챙겨주는 목사님이 계시니 정말 좋다. 어린 영혼들이 잘 자라도록 하나님과 우리 교회와 이웃 교회 목사님까지 함께 물을 주고 있는 셈이다. 지역 전체를 함께 '우리 교회'로 섬기는 우리 동네 목사님들이 정말 좋다.

내게 주어진 숙제

"다시 복음으로, 다시 말씀으로." 2017년 우리 교회의 표어다.

내 경험 위에 교회를 세우는 것은 모래 위에 집 짓기와 같다. 중년의 나이에 이르기까지 몸에 쌓여온 경험을 버리고 말씀으로 돌아가기 위해 몸부림쳐본다. 오랜 시간에 걸쳐 익숙해지고 몸에 밴 생각과 사고방식을 버리는 건 가장 괴로운 자기부인이다.

이를 극복하기 위해 다시 성경 읽기로 돌아간다. 아울러 성경 이해를 돕는 책을 여럿 읽어나간다. 지금은 구약학자 크리스토퍼 라이트의 《구약을 어떻게 설교할 것인가》(성서유니온)를 읽는 중이다.

책을 읽어나갈수록 내 생각을 명료하게 정리해주는 명쾌한 문장들이 쏟아진다.

> 마치 어떤 사람들은 '나와 나의 죄'가 유일한 문제인 것처럼 말하고 설교하고 노래한다. 물론 이것도 문제다. 그리스도가 없으면 나는 죄인으로 정죄를 받고, 아무 희망이 없으며, 하나님과 함께할 영원한 미래도 없다. … 그러나 이것이 복음을 생각하고 말하는 유일한 방식이 될 때 우리는 복음을 완전히 자기중심적인 것으로 만들어버린다. 이렇게 되면 복음은 온통 나에 관한 것이고, 나의 죄에 관한 것이며, 나의 구원에 관한 것일 뿐이다. 이것은 복음을 성경 자체보다 훨씬 축소시키는 것이다. 그리고 이러한 자기중심적 태도는 죄에 가깝다. 복음을 생각할 때조차 자기중심적으로 생각하게 되는 것은 매우 잘못된 것이다.(49쪽)

'나를 위한' 복음, '나의 죄만 사하는' 복음은 '자기중심적인 죄'일 뿐이다. 성경이 말하는 방식으로 복음을 이해할 때 새로운 역사가 일어난다. 복음이 좋은 소식이 되려면 성경이 말하는 방식으로 복음을 선포해야 한다. 목사로서 내게 주어진 크나큰 과제다.

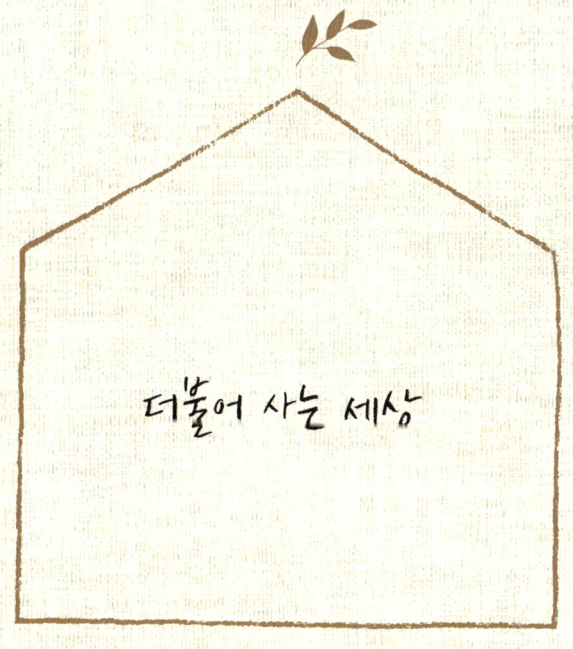

더불어 사는 세상

팽목항 부둣가에서는 몸이 울음을 울고 몸이 말을 한다.
"그날 어디 계셨어요?"
원망 섞인 눈으로 하늘을 쳐다보지만… 나는 안다.
그날 그곳에서 가장 많이 우신 분은,
지금도 적적한 그곳에서 혼자 우시는 분은 바로 그분이라는 걸.

○

'죄인들의 친구'였던 예수님처럼

아파트 단지 놀이터에서 아는 집사님이 인사를 하신다. 당신 자녀 이야기를 한참 하시더니, 아이들에게 한 아이와 놀지 말라고 했다고 얘기하신다. 이유를 물으니 의아한 표정으로 답하신다. "애비 없는 자식이잖아요. 행실도 나쁘고요."

아이의 아빠는 건장했는데 심장마비로 세상을 떠났다. 아이는 자기 또래에 비해 덩치가 컸다. 우리집에 여러 번 놀러 온 적이 있어서 나도 아는 아이였다.

"집사님, 그러지 마세요. 아빠 없다고 아이를 따돌리면 안 되는 거잖아요."

부드럽게 말했지만 속에서는 천불이 났다. 약하고 어려운 이웃일수록 더 차별하고 냉대하는 '기독교인'이라니….

운전을 할 때 자주 무례한 일을 겪는다. 새벽예배 가는 길에 신호등을 지키고 멈추면 뒤에서 연신 경적을 울려댄다. 이유 없이 뒤에서 앞차를 향해 경적을 난사한다. 마치 자기 앞길을 왜 방해하느냐는 투로 당당하게 고음의 경적을 울린다. 적신호에서는 멈춰 서고, 순서대로 신호에 따라 운전하는 게 지극히 기본적인 사회의식임에도 신경 쓰지 않는다. 폭력배가 따로 없다. 자기 앞에 서 있다는 이유만으로도 적대감을 품는다. 우리 사회 전반에 인간성 상실의 조짐이 점점 더 커져가는 것만 같아 애가 탄다. 어쩌면 우리는 인격 없는 삶이 가능한 사회를 머지않아 경험하게 될지도 모른다.

아이들은 아침에 눈을 떠 밤에 눈 감을 때까지 핸드폰과 더불어 살아간다. 마주 앉은 친구와 말 한마디 없이 오직 자기 핸드폰으로 노래를 듣거나 게임에 열중한다. 사람과 사귀고 사람과 함께 시간을 보내기보다는 게임이나 핸드폰과의 사귐이 자연스러운 삶이 되었다. 그들의 사귐과 놀이에 인격적 교류나 교감은 갈수록 실종되어간다. 역사상 최고의 물질적 풍요 속에서 사랑에 굶주리는 아이들은 더 많이 늘어간다. 돈이 모든 가치를 집어삼키는 '절대가치'에 등극하고 있는 사이, 세상은 온통 재미와 오락, 이기심을 채우는 데 혈안이 되어간다.

이동식 접이침대를 이용해 아픈 아내와 함께 나들이를 하면 사람들이 대부분 당황해했다. 꼭 저렇게 환자를 데리고 나와야 하느냐는 따가운 눈총은 기본이고, 두려운 기색으로 피하는 모습도 흔한 장면이었다. 더러는 돕고 싶어 하는 이들도 있지만, 정작 어떻게 해야 할지를 몰라 쭈뼛거리고 그저 서성대기만 할 뿐이다. 이처럼 우리 사회는 아픈 사람이나 장애인, 사회적 지원과 도움이 필요한 이들을 기피하거나 싫어할 뿐 아니라 심한 경우 혐오하면서 폭력에 가까운 반응을 보이기도 한다.

물신주의에 빠진 사회는 사회적인 약자를 싫어하며 특히 생명의 고귀함, 인간의 존엄성 따위는 가볍게 짓밟는다. 그런 점에서 세월호 사건은 인간의 존엄성, 생명의 고귀함을 국가가 파괴한 대표적인 참사였다. 설레는 마음으로 수학여행길에 오른 수백 명 아이들의 목숨을 앗아간 이 끔찍한 참사를, 혹자는 "일종의 해상 교통사고"라며 의미를 축소시킨다. 그러나 이 "일종의 해상 교통사고" 앞에서 우리는 부패한 권력이 보여준 생명에 대한 무관심과, 국민의 생명 구조 의무에 대해 아무런 책임의식도 없는 국가기관의 무능력을 보았다. 돈이 절대가치가 된 사회가 얼마나 무서운지를 깨달았다.

돈을 좇아가느라 생명을 버리는 세상, 권력을 부여잡느라 인간을 내팽개치는 사회는 위험한 곳이다. 이웃의 아픔에 대한 연민이 없는 사회, "너나 잘하세요"라며 다른 사람들에게는 신경 끄라는, 냉소로 가득한 사회는 병든 곳이다.

 오랜 아픔 가운데 살다 보니 이웃의 아픔에 더 예민해진다. 눈물이 늘어간다. 돈에, 권력에 상처입은 이들뿐 아니라 물신을 숭배하느라 인간됨을 잃고 마음이 돌처럼 굳어져가는 이들도 더불어 살아가야 하는 이웃이다. 그들 모두를 향해 한 발 한 발 다가선다. 좁고 편협한 종교적 울타리를 벗어나, '죄인들의 친구'라는 멋진 닉네임을 가졌던 예수님처럼 하나님 나라를 품은 마음으로 한 걸음 또 한 걸음.

4월 16일을 기억한다!

달력에 적힌 빨간 날은 공휴일이다. 국가나 사회가 정해 다 같이 쉬는 날이다. 대부분 국가의 운명을 좌우한 기념비적인 날이거나 역사적인 전기를 마련한 행사가 있었던 날이다. 전쟁의 아픔을 기억하고, 희생자와 애국지사들을 기리며, 민주화를 앞당긴 사건들을 기념하는 식이다.

그런 빨간 공휴일에 한 날짜를 더 새겨넣었다. 정부에서 공식적으로 지정한 기념일은 아니다. 이날의 아픔을 기억하며 함께 아파하는 이들이 스스로 정한 날이다. 4월 16일.

이날을 기념하려는 이유는 다른 데 있지 않다. 반란을 일으킨 군인도 아니고, 부패한 정권에 항거한 시위자들도 아닌, 수학여행길에 "해상 교통사고"를 당한 학생들을 제대로 구조하지 못해 대부분 바닷속에 수장되는 것을 지켜만 본 날이기 때문이다. 대한민국의 총체적인 무능과 집권자들의 악함이 낱낱이 드러난 날이기 때문이다.

4월 16일이 사무치는 것은 그저 끔찍한 사고여서가 아니다. 사고는 얼마든지 일어날 수 있고 앞으로도 일어날 것이다. 문제는 '왜 구조하지 않았는가'이다. 자국민을 보호할 의무가 있는 정부는 자기 영해에서 사고를 당한 배가 침몰하기까지 구조할 시간이 충분히 있었는데 왜 그렇게 하지 않은 것일까? 해경은 선장과 선원만 구조하고 침몰하는 배에 갇혀 있던 시민과 학생의 구조를 포기했다. 전쟁도 아닌 평시에 왜 어린 학생들을 구조하지 않았을까? 이것이 바로 4월 16일을 잊

지 못하게 만드는 이유의 핵심이다.

세월호 참사는 시민운동이나 민주화투쟁으로 인한 희생이 아니었다. 일상의 삶을 살다가 학교수업의 연장으로 수학여행을 떠난 학생 등 승객 304명이 목숨을 잃은 사고였다. 이날 우리는 언론의 거짓 생중계 속에서 학생들이 죽어가는 광경을 생생한 영상으로 지켜보았다. 잔인한 날이었다. 우리의 일상이 무너진 날이었다. 평온한 줄 알았던 우리 삶이 보호받지 못하는 위험들에 포위당해 있음을 절감한 날이었다. 일상이 거짓 평안 위에 세워졌음을 깨달은 날이었다.

나라가 국민을 보호해주지 못한다는 사실에 절망했다. 나라가 있지만 그 나라가 재난의 위기에서 국민을 구하기는커녕 오히려 국민을 파괴할 괴물이 되었음을 절감했다. 1997년 IMF 금융위기 때처럼, 정권은 자신의 무능한 국가 운영을 감추기 위해 국민을 속였다. 국민의 일상은 송두리째 불안 속으로 떠밀려갔다. 국가적 차원의 재난 대처 시스템과 안전망이 허물어진 나라는 그 자체로 국민의 삶을 파괴할 수 있는 가공할 위력의 폭발물로 떠올랐다.

얼음이 녹으면…

"얼음이 녹으면 어떻게 될까요?"

초등학교 시험에 나왔던 문제다. 정답은 "물이 된다"였다. 그런데 어떤 학생이 써낸 답은 "북극곰이 슬퍼해요"였다. 물론 오답으로 처리

되었을 것이다.

지난해(2016) 전 세계적으로 유례가 없는 한파를 겪었다. 살인적인 눈폭풍 blizzard이 몰아쳤고, 세계 곳곳에서 여행객들은 발이 묶여 공항을 잠자리 삼아야 했고, 거리에서는 저체온증으로 죽어가는 사람들이 속출했다.

이 모든 재난의 원인은 '지구온난화'라는 보도가 나왔다. 지구가 따뜻해지면 찬 공기가 남하하는데, 온난화로 인해 찬 공기의 이동을 막아주던 공기막이 파괴되었다는 것이다. 이 문제는 지구에서 자체적으로 발생한 환경문제가 아니다. 인간 탐욕의 결과다. 과다한 화석연료 사용과 무분별한 자원개발에 뛰어든 인간의 탐욕이 만들어낸 재해다.

지구온난화의 주범으로 불리는 온실가스를 줄이기 위해 전 세계 국가들이 협정을 맺고 감축 가능한 수치를 발표하곤 한다. 하지만 이보다 중요한 것은, '북극곰의 눈물'을 안타까워하는 긍휼의 마음이다. 자연을 인간의 소유물이나 착취 수단으로 생각하고, 무한정 마음대로 쓸 수 있다고 생각하는 것은 긍휼의 마음과 거리가 멀다. 사람도 그렇지만 자연도 긍휼히 여겨야 결국 사람이 살 수 있는 환경이 지켜진다.

지금 전 세계는 '자원전쟁' 중에 있다. 이로 인해 우리가 살아가는 환경이 파괴되면 결국 인간도 멸종의 길을 걸을지 모른다. 인간은 그 자신이 자연의 일부인 동시에 자연을 돌보는 유일한 존재로 지음받은 '지구의 농부'다. 자기의 생명과 생존이 달린 밭을 스스로 파괴해버리는 어리석은 농부가 되지 않으려면 자기 욕심을 내려놓고 다른 생명들의 눈물을 헤아리는 마음이 필요하다.

긍휼이 없으면 모두 죽는다. 긍휼이 생명을 낳는다. 긍휼이 삶을 살 맛나게 한다. 얼음이 녹으면 북극곰이 슬퍼한다.

'중보자'가 필요한 시대

아브라함의 삶을 들여다보면 기도제목이 바뀌는 게 보인다. 가장 먼저 구한 기도는 아들을 달라는 것이었다. 그 응답을 오매불망하다가 기도제목이 바뀌는 순간이 온다. 바로 소돔과 고모라의 멸망 소식을 들었을 때다.

소돔과 고모라는 부로 인해 오만해졌고 약자에 대한 착취와 성적 타락으로 얼룩진 도시였다. 두 도시에 대한 하나님의 심판 소식을 들은 아브라함은 심판자 앞으로 나아간다. 심판당할 이들을 구하기 위해 심판자 앞에 나아가는 기도가 바로 중보기도다.

이 시대는 중보의 사람을 절실히 요청하고 있다. 멸망하고 심판당할 세상을 품고 심판자 앞에 나아가 구속을 위해 겸손하게 기도하는 중보자가 절실히 필요하다.

'그래도 신앙은 좋다'는 말

자기가 다니는 교회를 '돈 세탁' 창구로 이용한 어느 유명한 장로가 있다. 무기중개상으로 성공한 그는 1,100억 원대 방산(방위산업) 비리 혐의로 구속되었고, 횡령과 뇌물죄로 실형을 선고받은 바 있다. 그의 비리 혐의가 언론에 떠들썩하게 오르내릴 때, 그 교회 담임목사는 "그래도 신앙은 참 좋은 분"이라고 말했다고 한다.

교회에 충성하고 재정으로 헌신하는 것이 꼭 좋은 신앙이 아니다. 자기 삶의 모든 영역에서 신실한 것이 좋은 신앙이다. 교회 안에서 나타내는 것과 세상에서 살아가는 것이 서로 다른 신앙이라면 이미 우상을 섬기는 삶이다.

삶의 내용이 엉터리인데도 "그래도 그 사람 믿음 하나는 참 좋다"는 말은 허구다. 세상을 만드신 하나님을 부정하는 신앙이다. 하나님은 우리 모두에게 교회의 안과 밖, 곧 삶의 모든 영역에서 올바른 삶을 요구하신다. 하나님을 교회 안에만 가둬둔 채, 정작 세상에서는 타협하며 살아가는 것은 '불신앙'과 다를 바 없다.

다니엘이 부끄러워할 '세 이레 기도'

언제부터인지 '다니엘의 세 이레 기도'라는 이름의 특별새벽기도회나 집회가 자주 열린다. 이 이름은 특히 '수험생을 위한 기도'에 자주 사용되는 것 같다.

그런데 다니엘은 기도를 통해 바빌론 '제국'과 맞선 사람이다. 하나님을 대적하는 세력과 맞서기 위해 '기도'했던 인물인 것이다. 따라서 제대로 다니엘의 기도를 하려면 자식의 형통함보다 먼저 기도해야 할 게 있다. 학생들을 경쟁으로 몰아가는 폭력적인 학교 구조를 변화시켜달라고 기도할 일이다. 질병에서 낫게 해달라는 기도보다 무참하게 인간성을 파괴하고 공포를 조성하는 권력을 다스려달라고 기도할 일이다.

그러나 현실에서 '다니엘의 세 이레 기도'는 대체로 자기 자신의 문제에만 집중하는 반면, 권력이나 구조로부터 고통당하는 이들의 신음은 외면한다. 교회가 고통당하는 자들을 외면하면 세상도 교회를 외면할 것이다.

다니엘이 한 기도 형식보다 그가 살았던 삶의 내용을 회복하는 게 먼저다. 같은 이름을 내걸면서 정작 다른 것을 구하는 헛된 열정은 하나님 나라를 구하는 기도로 바뀌어야 한다. 그때 비로소 다니엘의 세 이레 기도가 응답될 것이고, 교회는 세상으로부터 신뢰를 얻을 것이다.

'다른 집만큼'만 올린다?

네 가정을 심방하고 돌아왔다. 두 가정에서 전세금이 올라 힘들다는 얘기를 들었다. 남 일 같지가 않았다.

전세금을 올리면서 집주인들이 하는 말이 있다.

"그래도 우리는 다른 집만큼만 올려요."

집주인으로서는 그래도 세입자 사정을 고려했다는 뜻이겠다. 다른 사람들도 다 올리는데, 나도 그만큼만 올렸으니 양심적이지 않으냐는 말처럼 들리기도 한다.

그런데 세든 사람으로서는 '다른 집만큼' 올려도 죽을 맛이다. 다른 사람들이 한다고 그게 표준이 되고 정답이 될 수 있을까? 게다가 그걸 꼭 따라서 같이 할 필요가 있을까?

자신이 이웃을 배려하고 더불어 살아가는 삶, 서로 나누는 삶을 살고 싶다면, 그 가치와 기준에 따라서 살면 될 일이다. 그런 가치를 따른다면, 이웃(세입자)이 '감당할 만큼' 올리는 게 정답 아닐까?

'갑질'의 실체

우체국에 들러 순서를 기다리던 중 손님 한 분과 우체국 직원이 하는 대화를 듣게 됐다.

"고객님, 우편번호가 빠져 있는데 좀 적어주시겠어요?"

직원이 바쁘게 손을 움직이며 정중히 부탁하자 그 손님이 냉큼 대답한다.

"나는 몰라요."

"저기 뒤쪽에 컴퓨터도 있고 우편번호부책도 있습니다. 찾아서 적어주시면 됩니다."

"그냥 안 쓰면 안 돼요?"

손님의 짜증 섞인 대답 때문에 듣는 내가 짜증이 확 밀려온다.

할 수 없었던지 직원이 직접 검색하더니 메모지에 번호를 적어준다.

"이 번호를 봉투에 적어주시면 되구요. 다음에는 꼭 써오세요."

"아이 정말, 귀찮은데 그냥 봉투에 바로 써주면 되잖아요."

'뚜껑'이 확 열릴 뻔했다. 고객인 나는 귀찮으니까 직원인 당신이 하라? 우체국 직원이 마치 자기 심부름꾼이라도 되는 양 부리려는 태도, 바로 '갑질'이다.

갑질의 본질은 자신이 얼마나 무례한지를 모르는 뻔뻔함에 있다. 부끄러움을 모르기 때문에 뻔뻔하게 아무 데서나 '주인노릇' 하려고 한다. 그러니 알고 보면 갑질의 실체는 스스로 일하기를 싫어하는 '노예근성'일 뿐이다.

뇌물과 생존경쟁의 상관관계

'신영복의 마지막 강의'라는 부제를 단, 고 신영복 선생의 《담론》을 읽었다. 책에서 내 마음에 가장 크게 남은 대목이 있다. 선생이 '대한민국에는 왜 뇌물이 사라지지 않는가?'라고 질문하시면서 스스로 '생존경쟁 때문'이라고 답을 하신 내용이다.

대다수 사람들은 우리 사회의 뇌물문제에 대해 도덕성 실종이나 양심 부재가 원인이라고들 한다. 그런데 선생은 살아남기 위해서는 뇌물이라도 써야 하는 치열한 생존경쟁 구조가 문제라고 지적하셨다. 여차하면 생존 위기에 내몰리는 척박한 삶에서 자신이 살아남아 가족을 책임지려면 뇌물이라도 쓸 수밖에 없다는 것이다. 따라서 뇌물 없는 사회를 만들려면 적자생존 구조를 허물어야 한다는 것이다.

경쟁에서 이긴 자만이 살아남는다고 가르치는 비정한 사회는 살생의 세계이지 상생의 세상이 아니다. 적자생존의 사회는 결국 모두를 죽음으로 내몬다. 생존경쟁이 없어져야 뇌물이 사라진다는 선생의 가르침이 마음 깊이 남는다.

이상하고도 궁금한 일

우리 사회에서는 지극히 당연한 얘기를 하기가 어려울 때가 많다. 교회에서는 더욱 그렇다.

사람들은 내가 병든 아내를 돌보는 아픔을 이야기하면 은혜를 받는다. 그런데 세월호 유가족들이나 비정규직의 아픔을 얘기하면 '정치적'이라면서 싫어한다. 이건 아무리 생각해도 이상한 일이 아닐 수 없다.

고통의 크기로 따지자면 내 개인의 아픔보다 세월호 참사 같은 사회적 아픔이 비할 바 없이 크다. 개인적 아픔은 설교해도 되는데, 왜 사회적 아픔은 언급 자체를 거북해하고 심지어 비난하기까지 하는 걸까? 진심으로 궁금하다.

악의 실체

아우슈비츠 수용소에서 살아남은 유대계 작가 엘리 위젤이 쓴 《샴고로드의 재판》(포이에마)에 이런 말이 나온다. "악이란 비애감이 없는 것, 감정과 열정과 공감과 연민이 없는 것이다."

책에는 화려한 말로 언변을 자랑하며 절대자에 대해 논증하지만 그를 경외하지 않는 등장인물이 나온다. 마찬가지로 인간의 아픔, 고통에 대하여 논증은 하지만 정작 그 고통에 공감하지 못하는 인간들이 너무 많다.

그들은 십자가의 고통과 고난을 말하면서 현재의 고난에 대해 떠들어대지만 고통받는 이웃들의 아픔에 잘 공감하지 못한다. 십자가의 고난을 논증하면서도 세월호 유가족의 아픔은 정치적인 이슈라며 외면한다. 《샴고로드의 재판》에 나오는 마리아의 입을 빌려 그들에게 말하고 싶다. "당신들은 사탄이에요. 인간이 아니에요."

십자가 지는 삶

기독교는 예수 그리스도가 겪은 십자가 고난을 기억하고 현재화하는 종교다. 이 역사적 사실을 받아들이고 내 삶으로 현재화하는 것이 그리스도인의 삶이다.

사람들은 내가 오랫동안 와병 중인 아내를 돌봐왔다는 사실을 알면 나를 위로하고 칭찬한다. 그러나 내 생각은 분명하다. 자기 아내를 돌보는 일로 칭찬을 듣는 것은 세상 기준이 빗나가서지 내가 잘해서가 아니다. 또 이런 고통은 내가 져야 할 수고스러운 십자가이기는 하지만, 성경에서 말하는 십자가의 삶과는 거리가 있다.

성경에서 말하는 고난받는 삶은 질병으로 인한 개인적인 고통이 아니라 다른 이들의 아픔을 자기 짐으로 지는 것을 말한다. 자신을 위한 고난이 아니라 다른 이들을 위한 고난 말이다. 독일의 신학자 본회퍼는 이를 "남을 위한 현존"이라고 했다. "남을 위한 현존이 초월이다! 이 초월은 도달할 수 없는 과제가 아니라, 언제나 우리에게 주어져서 도달할 수 있는 이웃이다."

세월호 참사가 중요한 이유가 여기 있다. 고통당하는 자들의 아픔에 동참하는 것은 십자가를 지는 삶에 헌신하는 일이다. 십자가의 삶은 고난당하는 이들과 연대하는 삶이다. 현재 겪는 아픔을 이미 극복한 사람의 관점으로 바라보게 되면, 아픔이 현재진행형인 이들과 단절될 수밖에 없다.

아픔은 언제나 현재다. 그래서 미래로 나아가지 못하게 우리를 붙들어놓는다. 그러나 아픔을 현재화할 때 극복의 토대가 마련된다. 아픔을 현재화할 때 비로소 미래의 삶이 살아날 가능성이 있다. 그래서다. 십자가의 삶은 언제나 '오늘' '현재' '여기'서 지는 실존적인 결단이다.

심장이 뛴다고 살아 있는 게 아니다

성경 잠언은 '지혜의 길'을 자주 언급한다. 지혜자는 '그 길'을 우리에게 가르친다. 하나님이 처음부터 정해주신 길을 걸어야만 생명을 누린다. 이 생명을 위협하는 것이 바로 악이다. 이 악은 가난한 자를 학대함으로, 경제활동에서 부당한 거래로, 생활방식에서 나태와 게으름으로, 관계에서 다른 이들을 거짓 모함함으로, 성품의 교만함과 거만함으로 나타난다.

나는 여전히 세월호 참사에서 벗어나지 못하고 있다. 이 참사야말로 우리 사회에 내재한 총체적인 악의 표출이기 때문이다. 어린 생명들이 위협당하는 순간을 외면하는 선장의 간악한 악을, 생명보다 돈을 우선시하는 선주의 탐욕스러운 악을, 무사안일한 게으름에 물든 국가기관의 악을, 진실을 외면하고 거짓 기사를 생산하는 언론의 악을, 가난한 자들의 아픔을 외면하는 무책임한 정치인의 악을, 그들의 고통에 공감하지 못하는 무관심의 악을 본다.

생명을 존중하고 생명을 누리는 지혜의 길은 어디에 있을까. 우리는 모두 생명에 반하는 죽음의 길, 악의 길을 걷고 있다. 심장이 뛴다고 살아 있는 게 아니다.

세상이 말하는 거짓

"행복한 아침입니다."

세월호 참사가 일어난 지 하루 만인 2014년 4월 17일 기독교방송 진행자의 멘트였다.

그 말을 듣는 순간 주체할 수 없는 분노가 터져나왔다. 오늘 같은 날은 슬프고 우울하다고 한마디 하면 안 되나? 행복강박증이 있는 건가? 이런 날, 이렇게 많은 아이들이 죽어가는 날까지 행복해야 하는가? 그게 인간으로서 할 도리인가?

그 무관심과 무정함에 몸서리가 났다. 이 짧은 한마디에서 아파하는 이들과 함께 아파하지 못하고 우는 자들과 함께 울지 못하는 우리의 자화상을 보았다. 울음조차 막아버리려는 공포스러운 폭력성은 우리의 무의식에 내재된 것인지도 모른다. 단지 한 기독교방송사와 진행자만의 일은 아니었다.

세월호 사건은 국민을 회개시키기 위한 하나님의 뜻이라는 망발도 있었다. 가난한 학생들이 경주 불국사를 가지 왜 제주도까지 수학여행을 가느냐는 비아냥도 있었다. 유가족과 유가족을 돕는 이들을 빨갱이로 몰아가는 반공몰이도 있었다. 무정함과 폭력성은 집단적인 광기로 나타났다. "이제 그만하고 잊으라"거나 "이제 지겹다"는 말로 자식 잃은 부모들 가슴에 대못을 박았다. 슬픔을 당한 자들이 울음을 그치고 일어날 때까지 기다려주는 대신, 그들의 상처를 더 깊이 후벼파는 폭력을 행한 것이다.

교회가 세상에서 감당해야 하는 빛과 소금의 역할은 구제만으로는 절대 충족되지 않는다. 오히려 정의를 먼저 추구해야 교회가 세상의 빛과 소금이 될 수 있다. 먹고사는 문제가 구제의 영역이라면, 국가와 사회를 바르게 세우는 푯대가 정의다. 우리 사회가 진정 미래의 희망을 기대한다면, 아이들을 '이익'에 민감한 대신 '옳고 그름'에 민감하게 길러야 한다. 교회는 이것을 제대로 가르쳐야 한다.

세월호와 같은 참사는 언제든 재발할 수 있다. 다시 지금의 참사를 되풀이하지 않으려면 국가는 사건을 은폐하는 대신 진실을 밝혀야 하고, 교회는 우는 사람들을 품어야 한다. 위선과 거짓, 슬픔을 가로막는 폭력이 사라져야 일상의 참평안이 가능하다.

울 수 있고 웃을 수 있어야 일상이 평온하다. 거짓으로 억울한 이들의 눈물을 억눌러선 안 된다. 응어리진 분노는 시한폭탄과 같다. 우는 이들과 함께 눈물 흘리지 않는 곳에는 하나님의 마음도 없다.

'거짓'의 위험

참사보다 잔인한 것은 진실을 외면하는 언론과 그 언론을 이용하는 정부였다. 그들은 처음부터 끝까지 진실을 외면했다. 그날 이후 일상을 살아가며 들려오는 모든 소식을 의심해야 했다. 지금 내 눈에 보이는 것, 내 귀에 들려오는 것이 정말일까?

일상에 묻혀 바쁘게 살아가던 삶에 진실은 갑작스레 찾아왔다. 4월

16일, 컴퓨터를 켜자 진도 앞바다에 헬기가 날고 구조원들이 사람들을 인도하는 장면이 인터넷으로 생중계되었다. '휴, 그러면 그렇지, 잘 구조하고 있구나.' 막 안심하는 순간 누군가 메시지를 보내왔다.

"목사님, 도와주세요!"

세월호에 승선한 조카를 둔 삼촌이었다. 그는 이미 팽목항에 내려가 있었다.

"목사님, 그거 다 새빨간 거짓말이에요. 헬기도 없고요, 구조대원들도 몇 명 없어요. 방송은 다 거짓말이에요. 이 소식을 인터넷에 전해주세요!"

정말 다급하게 느껴지는 목소리였다. 어리둥절했다. 그가 전해오는 말들은 방송 중계와 달라도 너무 달랐다. 정부는 사고 초반 대응에 실패했고 언론은 일부러 구조가 잘 이뤄지는 것처럼 거짓을 보도하고 있다는 것이었다. 나중에 알게 됐지만, 그의 말은 사실이었다.

국민 앞에 진실해야 할 국가가 처음부터 진실을 버리고 있었다. 눈물을 흘리며 유가족을 위해 반드시 진상을 밝히겠다고 약속했던 대통령은 그 후로는 세월호 얘기를 꺼내지도 않았다. 그 공허한 약속이 전부였다. 자식 잃은 부모의 피맺힌 하소연을 대통령은 외면했다. 언론도 철저히 정부를 대변하며 진실을 외면했다. 사고의 원인이나 구조 실패는 제대로 취재하지도 않고, 1년이 넘는 유가족들의 광화문 천막 시위로부터도 카메라를 돌려버렸다.

위정자들이 눈을 감자 희생자들과 남은 가족들은 뉴스에서 사라졌다. 세월호 특별법이 국회에서 통과되었지만, 유족들이 특혜를 요구했다는 거짓 비방이 뒤따랐다. 앞에서는 세월호 인양을 약속하면서도, 뒤로는 비용과 세금 낭비를 들먹이며 반대 여론을 조성하기 바빴다.

온통 거짓, 거짓, 거짓뿐이었다. 진실이 없는 지도자를 보는 것처럼 역겨운 일도 없다. 국가의 권위는 무너졌다.

잊어버리지도, 가만히 있지도 않겠다

아침에 눈을 뜨면 먼저 인터넷 검색을 한다. '잊지 않겠다'는 약속을 지키기 위해서다. 세월호 관련 기사를 찾아보고 매일 한두 가지를 SNS로 공유한다. 이것은 마치 부르심과 같은 영역의 일이다. 실종자와 희생자 가족들 얘기에 울고, 그들의 아픔을 훼손하는 기사에 분노했다. 신문을 보다가 울고 있으면 옆에 있던 막내가 묻는다. "아빠, 또 세월호야?"

맞다. 1년이 지나도 눈물이 마르지 않는다. 거대한 분노의 눈물이 아직도 멎을 줄 모른다. 어제는 MBC 방송국으로 갔다. 노란 배지를 달고, 노란 피켓과 노란 종이배를 들고 외쳤다. "진실을 규명하라! 책임자를 처벌하라!" 시위는 언제나 긴장된다.

시위대를 막아선 경찰들보다 외면하는 시민들의 시선이 더 힘들다. 용기가 없어 함께 시위하지는 못해도 다가와 서명하고 따뜻한 말을 건네는 이들도 많다. 씩씩한 젊은 사람들의 참여는 보는 것만으로도 위로가 된다. 시위현장에서 IVF 후배들과 선배들도 많이 만난다. 그들이 반갑다. 생명을 위해 수고를 아끼지 않는 사람들이 반갑다.

언제나 시위현장에 나가지는 못하지만, 마음은 언제나 광화문으로 달려간다. 우리 교회 집사님 한 분은 그곳에서 커피 봉사를 하신다. 그분을 위로하고 격려한다. 커피 구입에 드는 비용을 보태곤 한다. 목사가 성도에게 보내는 지지인 셈이다. 유가족들을 도우며 친구가 되려는 마음이 얼마나 귀한가. 추운 사람들에게 따뜻한 커피를 건네며 대접하는 일은 모든 이의 마음을 녹일 만큼 따스한 사역이다.

우리집 아이들과 함께 안산에도 정기적으로 방문한다. 합동분향소를 거쳐 단원고 앞 '놀러와 분식집'에 가면 언제나 생생한 사연을 들을 수 있다. 한번은 내가 앉은 자리가 작가 지망생이던 수연이가 낙서한 곳이었다. 분식집을 운영하는 집사님은 아이들의 이름만 대도 누군지 대충 아신다. 그 아이들 생각하면 마음이 아프다고 우신다. 정기적으로 분식집을 방문하는 이들이 의외로 많단다. 위로가 된다. 아픔의 현장을 찾아가는 천사들이 여전히 많다.

세월호 이후로 나는 행동하는 시민으로 변하는 중이다. 목회의 영역도 넓어졌다. 우리 교회를 넘어 우리 사회가 목회의 중요한 영역이 되었다. 삶의 질이 높아지지 않는 한 내 목회가 안정될 수 없다. 이웃을 외면한 채 거짓과 불의에 항거하지 못하는 벙어리는 되지 않으려고 몸부림치는 중이다. 내 옷깃에는 항상 노란 리본 배지가 달려 있다. 어디 가서 설교하든지 나는 이 배지를 빼지 않는다. 이 배지가 내 정체성이다. 잊지 않겠다고 한 약속을 지키려는 노력이기도 하다. 사회적인 약속을 지키려는 내 양심과 부르심의 소리다. 약자들 편에 서 계시는 하나님을 만나기 위한 길이다.

물론 내적인 긴장은 언제나 사라지지 않는다. 목사로서 정치적인 행동이 지나치지 않은가, 늘 스스로 묻고 또 묻는다. 폭력이 일상화된 사회에서, 위기에 처한 국민을 외면하고 앞장서 폭력을 행한 국가와 진실을 내팽개친 언론을 상대로 싸우려면 진실한 삶을 사는 길밖에 없다. 한 번의 행동으로 변화가 일어나지는 않겠지만, 진실을 향해 꾸준히 걸음을 내디딜 따름이다. '주여, 언제까지입니까'라는 물음을 품은 채 함께 걷는다. 결코 가만히 있을 수 없는 사회를 향해 뚜벅뚜벅 나아간다.

그날 어디 계셨어요?

몸이 말을 한다. 팽목항 부둣가에 서는 순간부터 몸이 울었다.

'그날 어디 계셨어요?' 묻는 내게 하나님의 대답이 쏟아졌다. '이 바다도 내가 만들었다. 저 바닷빛도, 부는 바람도…. 만든 사람은 결코 그 자리를 떠나지 않는단다. 나도 내 바다를 버리지 못한다.'

그날 그곳에서 가장 많이 우신 분은, 지금도 적적한 그곳에서 우시는 분은 바람이신 하나님이셨다. 그날 하나님이 가장 많이 우셨음을 알았다.

우는 아이는 산다

병원 중환자실에서 6개월을 보낸 아이가 씩씩하게 소리 지르고, 활기차게 걷고, 뛰어다니고, 또렷이 말을 한다. 애초 병원에서 자기 숟가락 들고 밥도 먹을 수 없고 평생 장애아로 산다고 했던 아이다. 아이는 모든 부정적인 진단을 물리치고 보란 듯이 건강하게 자라고 있다.

아이가 입원해 있는 동안 "이 아이가 살 수 있을까요?" 묻는 엄마의 질문에 간호사들은 단호하게 '그렇다'고 답했단다. 이유는 '이 아이는 운다'는 것이었다. 중환자실에서 아프다고 우는 아이는 결국 살아났다는 임상 경험에서 나온 결론이었던 것이다.

울음은 살겠다는 의지다. 울지 않으면 죽은 것이나 다름없다. 살 사람은 운다. 그래서 울음에는 슬픔과 고통을 몰아내는 힘이 내재되어 있다. 말을 못하는 신생아에게 울음은 의사표시의 유일한 수단이기도 하다. 태어나는 순간의 첫울음이 살아보겠다는 의지이듯, 아플 때 우는 것은 살아남기 위한 의지다. 중환자실에서 울지 않는 아이들은 부모님이 자주 찾아오지 않았다고 했다. 울음은 사랑 앞에서 나온다. 사랑의 관계가 없으면 울지도 않는다.

삶의 위기에서 우는 아이가 생명을 얻는다면, 고통 중에 처한 성인도 울어야 살아날 수 있다. 세월호 사건으로 아파하는 유가족들을 더 울게 해주어야 그들이 살아난다. 그들의 아픔에 동참해 마음껏 울 수 있게 해야 그들을 살릴 수 있다.

'착한 아이는 울지 않는다'는 거짓은 버려야 한다. 극한의 고통 중에 있는 이들은 목놓아 울어야 한다. 그들이 울 수 있게 기다려주고 배려해주어야 한다. 그래야 그들이 살고 우리 모두가 산다.

선한 사마리아인

친구들 중에 세월호 사건과 아무런 관련이 없는데도 매일 세월호 관련 집회와 일인시위에 나가는 이들이 있다. 그들에게는 세월호 유가족들이 이웃이다. 그냥 이웃 정도가 아니라 이제는 가족이 되었다. 선한 사마리아인이 되기 위해서다.

선한 사마리아인은 강도 만난 사람을 불쌍히 여기고, 기름과 포도주를 부어 상처를 치료하고, 여관으로 데려가고, 거기 같이 머물며 돌봐주고, 여관 주인에게 비용을 지불하고, 추가비용 지불도 약속하고, 귀향하는 길에 다시 오겠다며 돌봄을 부탁한다.

성경은 강도 만난 사람을 '어떤 사람'이라고 했다. 누구나 만날 수 있는 사람이라는 뜻이다. 그를 위해서 사마리아인은 마음을 다해 자기 시간과 에너지와 소유를 사용한다. 사마리아인은 본래 멸시를 당하던 사람이다. 자기 처지도 좋지 않은 사마리아인이 강도 만난 사람을 돌본다. 멸시당하는 자에게서 사랑이 나온다.

이웃을 사랑하기 위해서 무엇보다 중요한 것은 시간의 허비다! 선한 사마리아인처럼 자기 일정을 변경할 수 있는 마음이 있어야 소유도 비용도 지불할 수 있다. 자신의 일정을 변경할 수 있는 사람이 생명을 살린다.

이미 강도를 만나서 생명에 위협을 받은 사람을 돕는 것도 이웃 사랑이다. 폭력을 행하는 국가를 상대로 투쟁하는 것도 이웃 사랑이다. 국가의 폭력이 생명을 위협할 수 있기 때문이다. 시간이 없다고 말하는 자는 이미 복음이 말하는 이웃 사랑을 포기한 사람이다. 율법사의 이웃 사랑이다. 예수님 말씀은 사람 속을 확 뒤집어놓는다. 죽어가는 생명을 위해서 네 삶을 허비하라! 십자가 진리가 이웃 사랑으로 나타났다. 주여, 우리를 긍휼히 여기소서!

김동수 씨 이야기

광화문 서명대 장기봉사자 조미선 님이 쓰신 글을 읽었다. 세월호 의인 김동수 씨 얘기였다. 세월호 아픔은 유가족에게도 생존자에게도 여전히 진행 중이다.

세월호 이후 늘 씩씩하게 웃고 지내는 김동수 씨가 약이 없으면 밤새 한숨도 못 자는 불면증에 시달린다고 한다. 약기운에 취해 말도 못하고 몽롱한 상태가 되는데도 먹지 않으면 감정조절이 안 되고 살 수가 없단다.

누군가가 김동수 씨를 대신해 '세월호 의인'이라고 떠들썩하게 영웅 대접을 받을 때, 진짜 구조활동을 했던 김동수 씨는 제주도 한 병원에서 수술을 받았다고 한다. 소방호스를 몸에 감고 사람을 끌어올리느라

온몸이 성한 곳이 없었던 것이다. 1년이 넘어서도 후유증을 심하게 겪고 있었다. 류머티즘 때문에 손을 마음대로 움직이지 못하고 독한 신경안정제의 도움 없이는 하루하루 버틸 수가 없단다. 기억력과 어휘력은 짧아졌고 잠을 자면서도 허공을 향해 손을 뻗어 계속 끌어당긴단다.

김동수 씨는 한 번도 자신이 20명을 구조했다고 말하지 않았다. 몇 명을 구했는지 알 수 없을 만큼 상황이 급박했고, 충격으로 기억의 일부가 없다고 했다. 동영상을 들고 방송국에 가서 구조활동을 했다고 나설 정신이 없었다. 20명이나 구해줬는데 한 명도 연락이 없어 서운하다는 누구와 달리, 김동수 씨는 수시로 감사하다는 연락을 받았다. 자신은 누구를 얼마나 구했는지 기억 못해도, 구조받은 이들이 그를 먼저 기억해내고 연락해온 것이다.

큰딸의 말로는 김동수 씨는 여전히 따뜻한 물로 샤워를 못한다고 한다. 얼음 같은 바닷속에서 죽어간 아이들 생각이 나서 도저히 따뜻한 물로 샤워할 수가 없다고 했단다.

견디기 힘들어 몹쓸 생각을 하기도 여러 번, 그래도 마지막까지 배에 남아 모든 것을 목격한 김동수 씨야말로 유가족들에게 정말로 중요한 사람이라는 말에 마음을 다잡았다고 했다. 유가족들에게는 김동수 씨가 희망이라는 말에, 끝까지 견디기로 정신 차렸다고 말이다.

가슴이 아프고 아프다.

무능함 vs. 무정함

세월호로 아들을 잃은 한 엄마가 1년 만에 '놀러와 분식집'에 와서 김밥 세 줄을 사갔단다. 분식집 권사님에게 분노의 감정을 쏟아놓을 때도 있었지만, 자식 잃어서 그렇겠지 싶어 자꾸 찾아가고 돌보고 말을 걸었단다. 그렇게 1년여가 지난 후 드디어 가게로 와서 김밥 세 줄을 사갔다는 것이다!

사고가 났을 때는 무능함이 문제가 되지만, 참사 이후에는 사회적 무정함이 더 큰 참사를 부르는 법이다. '놀러와 분식집' 권사님처럼 먹이고 돌보고 말 걸고 기다려주는 '공감'이 사람을 살린다. 살릴 수 있는 인명을 죽이는 무능도 견디기 어렵지만, 산 사람을 죽음으로 몰아가는 공감의 부재는 더 큰 악이다. 이는 사회를 수장시키는 악이다.

무능함은 원인을 밝혀서 고치면 되지만 무정함은 마음을 새롭게 해야 하는 문제다. 공감의 부재는 세월호 가족들이 건강하게 사회로 복귀하는 과정을 가로막는 커다란 장애물이다. 그러니 우는 자들과 함께 울 줄 아는 사회가 건강한 사회다.

마침내 드러날 진실

진실이 항상 눈에 보이는 것도 아니며, 거짓이 항상 은폐되는 것도 아니다. 기준이 뒤집히면 혼란스럽고, 혼란이 먹구름같이 인생을 덮어오면 긴 침묵의 시간이 필요하다.

하지만 하나님이 개입하신다. 하나님이 드러내시면 무엇이 진실이고 무엇이 거짓인지 밝혀진다. 하나님이 드러내시는 날 모든 진실은 위로를 받고 거짓은 수치를 당한다.

혼란과 침묵의 시간을 포기하면 안 된다. 명확히 드러난 '사실'만을 단순히 붙잡고 씨름해야 한다. 사실을 외면하면 거짓에 패배하지만, 사실을 붙잡으면 역사가 반드시 진실을 드러낼 것이다.

아이들이 죽었다는 그 사실, 국가가 구조해야 할 책임을 방기했다는 사실, 그 명백한 사실이 모든 거짓을 걷어내고 진실을 드러낼 것이다.

걸음처럼 천천히

시청에서 대학로까지 걸었다.
물대포도 없고 쇠파이프도 없다.
폴리스라인을 따라
딸과 손잡고 천천히 걸었다.

전 국민적 평화시위라며
나라 안팎에서 환호하지만,
그 목적을 이루기까지
끈질기게 평화적으로 수고해야 한다.

걸음처럼 천천히
걷는 만큼 민주주의를 이루어간다!

교조적 광신주의

국정역사교과서 논쟁에 개신교 일부 교단장들이 개인적으로 지지를 선언했다. 신사참배를 부정하고 고난의 길을 걸었던 교단의 교단장도 여기에 참여하고 있어 당혹감을 안겨준다.

이런 지지선언은 남을 배척하고 관용하지 않는 광신주의의 산물일 뿐이다. 광신주의는 내용을 검토하는 대신 내 편인지 아닌지의 잣대로 역사를 재난한다. 광신주의는 '절대 믿음'이라는 말로 자기 믿음이 '진짜'라고 강조하지만, 합리적인 의심을 단죄하고 의견이 다른(신학의 차이가 아니라) 사람들을 이단으로 몰아가는 배타성에 다름 아니다.

광신주의는 자기 믿음을 절대화해서 나타나는 것이다. 그런데도 국정교과서 지지 이유가 다음 세대를 걱정해서라니…. 교조적인 광신주의가 다음 세대의 부흥을 가로막는 가장 큰 적이자 이 나라 민주주의의 걸림돌이다.

폭력의 정당화

하나님의 언약이 지켜지지 않는 사회에는 정의가 사라지고 폭력이 난무한다. 약한 사람이 생존을 위해서 사용하는 자기방어적인 힘은 폭력이 아니다. 힘 있는 자들이 자신들의 유익을 위해서 동원하고 사용하는 힘이 폭력이다. 그러나 힘 있는 자들의 폭력은 항상 '법질서', '사회 안정' 등의 명분으로 정당화된다. 이 거짓 명분을 정당화하는 일에 언론을 앞세운다.

약자를 억누르는 폭력을 정당화하는 사회는 결코 하나님을 만나지 못한다. 공권력이라는 이름으로 폭력을 정당화하는 국가를 지지하는 교회는 결코 정의의 하나님 편이 아니다.

불평하라

불평불만하지 말고 감사하라는 말을 자주 듣는다. 불평불만이 자신의 개인 상황에 국한될 경우라면 문제가 되지만, 하나님 나라에 어긋난 현실에 대한 저항일 경우 이야기가 달라진다.

하나님의 통치를 드러내는 공의와 정의가 무너지는 현실이야 어찌되었든 자기 삶의 공급하심을 바라보며 감사하라는 가르침은 결국 삶의 초점을 '내 마음'에만 두게 한다. 하나님의 관심사인 공의와 정의에 무관심한, 자기 삶에만 매몰된 감사는 하나님이 아닌 우상을 섬기는 삶으로 전락하게 할지도 모른다.

하나님 나라 가치에 어긋나는 현실은 불평해야 한다. 불만족함으로 의문을 품고 옳고 그름으로 시비를 가리기 위해 애써야 한다. 그게 하늘을 소망하는 그리스도인의 삶이다.

국가의 품격

"엄마 세대는 국가로부터 너무 많은 기만을 당해왔어. 그래서일까. 마음속에 너무 큰 불신과 너무 많은 경시와 너무 많은 반대가 늘 도사리고 있는 것 같아. 소위 국가라는 것에 대해서, 소위 국가를 대표한다는 사람들에 대해서 말이다."

《사랑하는 안드레아》(양철북)에 나오는 문장이다. 지은이 룽잉타이는 독일에 거주하는 타이완 출신 사회문화비평가이자 작가다. 이 책은 엄마인 작가가 열여덟 살 아들에게 쓴 편지글로, 아들과 '소통'하는 법을 알려준다.

삶에 속은 것보다 국가에 속은 게 훨씬 많은 세대인 나로서는, 사회에 만연한 불신을 제거하는 것이 이 시대의 큰 과제라고 생각한다. 개인의 속임수보다 국가가 국민을 속이는 거짓을 뿌리 뽑아야 국격이든 삶의 질이든 높아질 수 있다. 국격은 경제력으로 향상되는 것이 아니다. 사람의 인격도, 국가의 품격도 결국은 거짓 없는 정직함에서 나온다.

나는 행복합니다
◦ 윤영의 편지

저는 지금 스물한 살이고, 엄마 아빠, 두 명의 동생이 있습니다. 우리 엄마는 막냇동생이 태어난 이후로 쭉 병상에 누워서 생활해오셨어요. 막냇동생을 출산하고 이틀 만에, 외할머니 댁에서 엄마가 쓰러졌다는 소식을 갑작스럽게 듣고 가족들과 병원에 갔는데, 그날부터 쭉 누워 있는 엄마와 생활하게 되었지요. 엄마가 말을 할 수도, 움직일 수도 없기 때문에 의사소통은 대부분 엄마의 눈 깜빡임으로 하면서요. 엄마에게 질문을 하고 "맞으면 한 번, 아니면 두 번 깜빡해봐요" 하는 식으로요. 이게 최선이었지요.

엄마가 쓰러지고 처음엔 엄마가 아프다는 걸 제대로 몰랐어요. 그때

의 기억은 잘 안 나지만, 제가 너무 어려서 그 말을 진지하게 받아들이지 않았던 거 같아요. 다만 초등학교 3학년 때의 기억이 또렷하게 남아 있어요. 다른 동네로 이사를 가고 처음 학교에 가던 날 엄마가 아닌 아빠 손을 잡고 학교에 갔던 기억인데, 돌이켜보면 그때 엄마가 아프다는 걸 체감한 것 같아요. '엄마가 더 이상 나와 함께 생활할 수가 없구나, 엄마가 하던 일을 아빠가 하게 되는구나' 하고요. 그리고 제가 동생들 밥을 챙겨야 하거나, 친구들이 엄마 이야기를 할 때 등 일상의 사소한 부분들에서 엄마의 부재를 불쑥불쑥 느끼곤 했지요. 슬프다기보다는 그때마다 '아, 우리 엄마는 아프지' 하는 생각을 덤덤하게 했던 것 같아요.

엄마는 10년을 넘게 누워서 생활하셨기 때문에 욕창 같은 것들이 생기고 낫기를 반복했어요. 화상을 입어서 다리 한쪽을 잃기도 하셨고요. 엄마도 정말 힘드셨을 거예요. 처음엔 기도할 때마다 항상 엄마가 낫게 해달라는 기도를 올렸지요. 당연한 일처럼 기도를 했고, 그때마다 '엄마가 일어나겠지' 하는 기대도 빼먹지 않았어요.

그런데 시간이 지나면서 어느 순간부터는 기도할 때 그 기도를 자연스럽게 하지 않게 되었어요. 엄마가 일어나실 거라는 기대감이 점점 줄고, 지금은 엄마가 일어나지 못하실 수도 있겠구나 싶어요.

이런 상황들이 원망스러울 때도 물론 있었어요. 잠을 참으며 엄마의 기저귀를 갈아주거나 가래를 빼줄 때, 친구들과 놀고 싶은데 엄마를

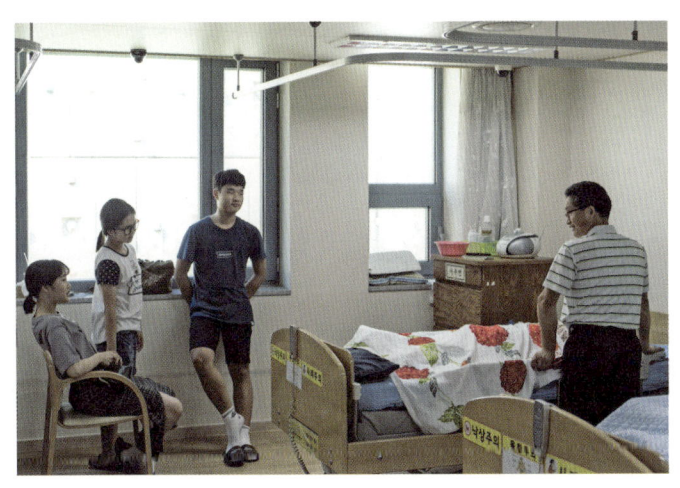

아빠는 왜
그렇게
살아?

돌봐야 하는 날이면요. 제 일이 바빠서 막냇동생을 씻기거나 옷을 입히고 머리를 묶어주는 게 굉장히 귀찮았던 적도 있고요. 가끔 내 몸이 아픈데도 아무도 몰라주거나 하면 괜스레 서운한 적도 있었지요.

그래도 밖에서 다른 사람들이 생각하는 것만큼 엄마의 빈자리를 엄청나게 많이 느낀 것 같진 않아요. 어릴 땐 주변에 사시는 교회 '이모'들 도움을 많이 받았거든요. 늘 곁에서 우리를 돌봐준 것 같아요. 생각해보면 살면서 한 번도 도움 없이 산 적이 없다고 할 정도네요. 많은 분들의 도움을 받았어요. 생활에서 도움을 많이 받고, 위로도 되었지요. 그분들에겐 살면서 항상 감사해야 할 것 같아요.

가끔 아빠가 '네가 제일 크고 맏이니까 엄마 역할을 대신해야 한다'고 할 때면 '아, 나도 아직 어린데, 엄마 역할을 한다는 게 말이 되나' 생각하기도 했어요. 조금은 부담이 됐지만 그럴 수밖에 없는 상황이었으니까요, 뭐. 나름 최선을 다해서 동생들을 챙겼는데 엄마 빈자리를 채울 만큼으로 하진 못한 거 같아요. 아빠도 혼자서 집의 모든 문제들을 해결하는 일이 많았을 텐데, 참 외로웠을 것 같아요. 그런데도 늘 밝은 아빠를 보면서 저도 동생들도 밝게 자랄 수 있었던 것 같아요. 아빠는 슬픔을 갖고서도 다른 슬픔을 가진 사람들을 위로해주는 사람인데, 그런 게 참 멋있어요.

동생들을 생각해보면, 첫째 동생인 윤서(17)는 이제는 저처럼 엄마

아빠는 왜
그렇게
살아?

의 부재를 자연스럽게 느껴서 덤덤해졌을 것 같은데, 막냇동생 윤지(13)는 '다른 사람들처럼 엄마라는 말에 느낌이 있을까' 하는 생각이 들어요. '엄마'나 '작은엄마'나 '큰엄마'나 모두 같은 느낌으로 다가오지 않을까 싶어요. 우리 셋 중에 윤지가 지금도 엄마의 관심이 가장 필요한 나이일 텐데, 그 부재를 가장 크게 느끼고 있을 것도 같고요.

엄마가 아프지 않으셨다면 매일 아침 윤지 머리도 묶어주고, 옷도 골라주고, 씻겨도 주고, 숙제도 챙겨주셨을 거지만 윤지는 거의 혼자서 그런 일들을 잘 해내고 있어요. 생각해보니 한 번도 우리끼리 엄마가 아픈 것에 대해서 이야기를 나눠본 적은 없는 것 같네요. 아마도 제 성격상 진지한 이야기들을 나누는 게 잘 안 되기도 하고, 동생들이 아직 어려서겠죠.

사람들 모두 각자의 삶이 주어져 있듯, 저와 우리 가족도 고유한 삶이 있는 거라고 여겨요. 엄마가 아프지 않았더라면 일어나지 않았을 변화였지만, 그 사건으로 일어난 변화들이 우리 가족의 원래 삶이기도 해요. 모든 삶이 그렇듯 나쁜 점도 있고 좋은 점도 있는 거지요. 제 역할이 더 많아지니까 책임의 양도 늘어나고, 남들은 경험하지 않았을 아픔도 받아야 했지만, 그 아픔이 없었다면 만나지 못했을 분들도 만나게 되었어요.

이렇게 엄마 이야기를 하다 보니까 평소에 못하던 말이지만 가족들에게 하고 싶은 말이 생겨서 남겨보고 싶네요.

아빠는 왜
그렇게
살아?

아빠, 힘든 상황에 굴하지 않고 늘 밝고 건강하게 우리 옆에 있어줘서 고마워요. 우리뿐만 아니라 다른 사람들도 챙기는 모습이 정말 멋있어요. 이제는 제가 성인이 되었는데도 집안일도 많이 못하고 맨날 싸돌아다녀서 미안해요. 아침에 애들 챙겨서 보내고 싶은데 몸이 안 일어나져서요.^^ 앞으로도 밤에 작업하는 일이 많으면 늦게 들어올 텐데, 걱정하시지 않게 연락 자주 할게요. 앞으로 올 날들을 더 즐겁게 살아요. 아빠 사랑해요.

윤서야, 누나의 잦은 '물 심부름', '스위치 심부름'과 괴롭힘을 받아줘서 고마워. 맨날 노는 것 같아도 주일마다 교회 애기들도 돌보고, 예배시간 봉사도 하는 니가 정말 대견해. 잘 커줘서 고맙다. 윤지만 덜 괴롭히면 아주 완벽할 것 같아.^^ 우리가 예전보다 많이 컸으니까 아빠랑 윤지를 더 도와주자. 아주 사랑해.

윤지야, 언니가 미안한 게 많아. 매일 아침마다 머리도 묶어주고 옷도 골라주고 싶은데, 몸이 안 일어나져. 생각은 안 그런데 쌀쌀맞게 대한 적도 많고. 많이 반성하고 있어. 알아서 똑똑하고 예쁘게 잘 커준 게 정말 고마워. 만화가가 되고 싶다면서 매일 노트에 열심히 만화를 그리고 있는 니 모습을 보면 노력하는 모습에 내가 더 반성하게 돼. 앞으로도 멋있게 커줘. 나도 옆에서 도와줄게. 아주 사랑해.

엄마, 윤영이에요. 엄마가 요양원에 계시고 제가 고3이 되면서 입시

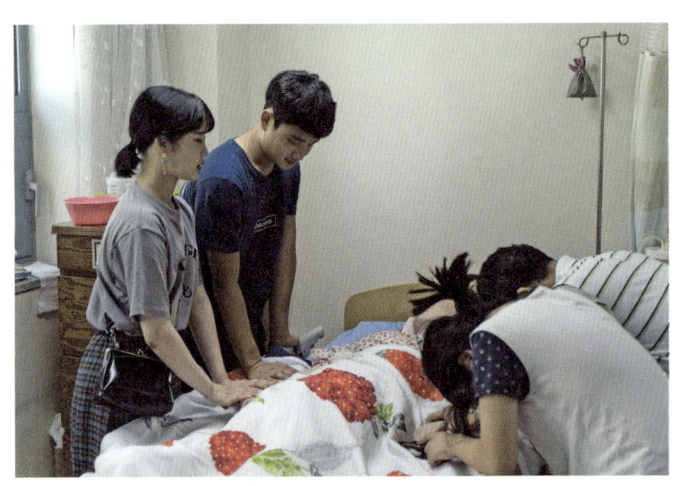

아빠는 왜
그렇게
살아?

로 바빠서 많이 찾아뵙지를 못했어요. 대학생이 되면 맨날 엄마를 찾아뵈려고 했는데, 대학생활도 생각했던 것보다 많이 바쁘네요. 미안해요. 엄마, 지금은 엄마 목소리, 말투, 걸음걸이 같은 것들이 잘 기억이 안 나요. 기억 안 나는 것 투성이여서 엄마가 일어난 모습이 많이 보고 싶어요. 중간고사 기간이 끝나면 엄마한테 많이 놀러 갈게요. 엄마 사랑해요.

친구 같은 아빠에게

◦ 윤서의 편지

저는 열일곱 살이고 가족으로는 아빠, 엄마, 누나 그리고 사랑스러운 여동생이 있어요. 엄마는 제가 네 살 때 동생을 낳고 쓰러지셨어요. 아빠는 그런 엄마를 13년 동안 열심히 돌보면서 저희 삼남매를 아주 잘 키워주셨어요. 저에게 아빠는 친한 친구이자 가장 존경하는 분이에요.

엄마가 아파서 가장 슬프고 힘들 텐데 13년 동안 잘 견디고 저희를 잘 키워주셔서 존경스럽고 감사하고 자랑스러워요. 아빠는 항상 바쁘지만 시간이 남으면 저희랑 놀아주셨어요. 아빠와 저는 추억이 많아요.

제가 어렸을 때는 토요일 아침이 되면 자고 있는 아빠 위에 올라타고 깨우면서 뽀뽀를 해드렸는데, 이제는 토요일 아침이 되면 아빠가

제 위에 올라타시고 깨우면서 뽀뽀를 해주세요. 쉬는 날 아침마다 늦게 일어나려고 하면 아빠가 와서 항상 저를 괴롭히세요. 아빠는 "너는 이제 많이 컸고 아빠는 늙었으니까 아빠는 너를 때려도 되지만 너는 아빠를 때리면 안 된다"라고 하시면서 저를 괴롭혀요.

요즘은 아빠랑 가끔 씨름을 하는데, 이제는 제가 힘이 더 세지만 아빠가 씨름을 잘해서 씨름은 항상 제가 져요. 어릴 때는 아빠와 함께 집 앞에 있는 목욕탕을 자주 갔었어요. 목욕탕에 가면 저는 바로 냉탕에 가서 아빠와 수영 대결도 하고 물싸움도 했지만 가장 재밌었던 건 물속에서 하는 닭싸움이었어요. 아빠는 매번 발로 저를 밀면서 반칙을 했어요. 이젠 아빠와 목욕탕을 가면 온탕에 앉아서 이야기하다 서로 때를 밀어주는데, 냉탕에서 노는 것만큼은 아니지만 이런 것도 재밌는 거 같아요.

저는 어렸을 때는 아빠가 멀리 설교 가거나 선교를 가면 자주 따라다녔어요. 제가 열한 살 때 동생과 함께 탄자니아를 따라가게 되었는데, 가장 기억에 남는 일은 세렝게티 국립공원에 간 일이에요. 그곳에서 치타가 가젤을 사냥하는 거, 사자가 차 앞으로 지나가는 거, 윤지가 소리를 지르니까 코끼리들이 달려와서 도망간 일 등등 신기하고 재밌는 일들이 아직도 생생해요.

저번엔 가족이 다 같이 이탈리아로 여행을 갔어요. 그곳에서 한 달 동안 있으면서 이탈리아 전역을 돌아다녔어요. 아빠와 저는 누나의 짐꾼이었죠. 피렌체 대성당과 피사의 사탑 꼭대기에 올라간 것도 기억에 남고, 로마에선 트레비 분수가 공사 중이어서 못 봐서 아쉬웠던 것도 기억에 남아요. 저녁에 젤라토를 먹으러 가는 길에 아빠랑 달리기 시합한 것도 기억에 남아요.

최근엔 아빠랑 자전거를 타고 1박 2일 동안 춘천에 갔다 왔는데, 가는 길에 카페에 들러서 같이 커피도 먹고 맛있는 것도 사먹었던 게 기억나요. 특히 춘천에 도착해서 먹은 닭갈비가 너무 맛있었어요. 처음에 출발할 때는 짜증내고 귀찮아했지만 갔다 오니까 너무 뿌듯하고 좋은 경험이었다는 생각이 들었어요. 아빠가 이번 여름엔 부산을 가자고 하는데 생각 중이에요.

끝으로 아빠한테 평소 잘 하지 못했던 말을 쓸게요.

아빠! 생각해보면 아빠랑 한 일들이 정말 많은 거 같아.
아빠랑 놀면 너무 재밌고 행복한 거 같아.
그리고 가끔씩 다투기도 하지만 친구 같은 아빠가 너무 좋아.
요즘은 내가 친구들이랑 노느라 바빠서 아빠랑 놀지 못하는데 미안하고 앞으로 여행 더 많이 다니면서 좋은 추억 쌓고 싶어!
그래도 부산은 아닌 거 같아!
아빠, 많이 많이 사랑해.♥

우리집의 일상

◦ 윤지의 편지

아빠는 왜
그렇게
살아?

닫는 글

그분과 함께여서 길 아닌 길이 없다

내 걸음걸이가 느려졌다. 길이 험해서도 아니고, 기력이 떨어져서도 아니다. 주된 교통수단이 자가용에서 도보로 바뀌었기 때문이다. 아픈 아내를 태우고 다니며 내 일상의 다리 노릇을 해온 스타렉스를 폐차한 뒤 찾아온 교통수단의 변화는 삶의 중심을 변화시켰다. 아내 중심에서 아이들 중심으로, 아픈 사람 위주에서 건강한 사람 중심으로.

아무리 긴장된 삶도 시간이 지나면 여유가 생기듯이, 내 삶도 아픔에 면역력이 커지자 삶의 우선순위가 서서히 바뀌었다. 아픈 아내에게서 보호자인 나에게로, 아내에게서 아이들에게로, 아내에게서 교회 성도들로. 이 변화는 아픈 아내가 호전되어서가 아니라 어린 자녀들이 성장하면서 생겨났다. 아이들이 어둠 속에 잠겨 있던 나를 끌어올려 아픔을 내 삶의 전부에서 일부로 축소되게 해주었다.

아픔이 내 삶이 되고 그 삶을 살아내는 과정을 담은 이야기들을 많은 분들이 좋아해주셨다. 갑자기 닥쳐온 인생의 대혼란 속에서 미숙한 아빠가 세 아이를 키우는 서투름에도, 아이들에게 안식처가 되려고 애쓰는 한 남자의 어설픔과 투박함에도 예상 밖의 따뜻한 지지를 보내주셨다. 경제수준과 소유의 규모로 삶의 만족도를 측량하는 시대에, 있으면 있는 대로 없으면 없는 대로 자족하며 살아가는 한 가족의 이야기가 작으나마 위로가 되었던 걸까. 어쩌면 끝나지 않은 아픔 가운데서도 꿋꿋이 함께 일상을 살아가는 평범한 한 가족의 모습을 통해 그들 스스로 자기 삶을 성찰하고 새롭게 할 힘을 얻었던 건지도 모른다.

모두가 같지 않아서 삶은 화려하고 다채롭다. 삶의 모양과 색깔을 획일화하려는 무지막지한 제국주의적 시대 흐름에 맞서서 담대하게 우리 가족 나름의 소박한 삶을 살아가는 이야기를 한 권의 책에 담아 나눌 수 있기까지는 벗들의 도움이 있었다. 그 가운데서도 SNS를 통해 나눈 이야기를 책으로 묶어내자고 권면하고 독려한 김도완 비아토르 대표와, 편집을 담당한 나의 영원한 벗 옥명호 형제를 빼놓을 수 없다.

이 글을 추천한 분들도 모두 나의 인생 동역자들이다. 목회의 형님이자 삶의 모범인 예수향남교회 정갑신 목사님과 목회 동역자인 구리 낮은마음교회의 오준규 목사, 그리고 아픈 딸을 돌보며 우리 가족과 깊은 우정을 나누며 사는 강효숙 권사님에게 감사를 전한다. 특히 브라질로 해외 파견을 가는 순간까지 부족한 글을 읽고 추천사를 써준 강승회 집사에게도 고마움을 전한다. 청년부 시절부터 지금까지 맺어온 우정이 이 책보다 훨씬 더 귀하다.

루쉰은 길이 없어도 걷는 사람이 많으면 길이 된다고 말했지만, 길이 없어도, 걷는 사람이 많지 않아도 하나님은 내 삶의 길을 만드시고 길을 내시는 분이다. 부르심을 따라 걸으면 어디든지 길이 된다. 누가 뒤따라오는지 돌아볼 필요가 없다. 길이신 그분과 동행하는 삶이기에 그 자체가 길이다. 가시밭길조차 길이다.

하나님이 계셔서 나의 일상이 즐겁다. 또한 나의 일상이 아프다. 어느 쪽이든 내 삶은 진리의 길 위에 있다. 그분의 인도하심을 따라 살아가기에.

아빠는 왜 그렇게 살아

김병년 지음

2017년 11월 3일 초판 1쇄 발행

펴낸이 김도완
등록 제406-2017-000014호(2017년 2월 1일)
전화 031-955-3183
전자우편 viator@homoviator.co.kr

펴낸곳 비아토르
주소 경기도 파주시 문발로 197 102호(우편번호 10881)
팩스 031-955-3187

편집 오주영, 이숙
제작 제이오
디자인 정지현
인쇄 민언프린텍
사진 홍진원
제본 정문바인텍

ISBN 979-11-88255-09-2 03230   저작권자 ⓒ 김병년, 2017

이 도서의 국립중앙도서관 출판예정도서목록(CIP)은 서지정보유통지원시스템 홈페이지(http://seoji.nl.go.kr)와 공동목록시스템(http://www.nl.go.kr/kolisnet)에서 이용하실 수 있습니다. (CIP제어번호: CIP 2017026364)